语文基础模块
练习册（上册）

主　编　张志增
副主编　王素清　马立坤
参　编　李利琴　米　琳　杨秀艳
　　　　刘雪冰　王开元　黄　荣
　　　　郝雪莹　赵继红　范永辉

北京理工大学出版社
BEIJING INSTITUTE OF TECHNOLOGY PRESS

版权专有 侵权必究

图书在版编目（CIP）数据

语文基础模块练习册.上册/张志增主编.—北京：北京理工大学出版社，2019.4重印
ISBN 978-7-5682-4932-4

Ⅰ.①语… Ⅱ.①张… Ⅲ.①语文课-中等专业学校-习题集 Ⅳ.①G634.305

中国版本图书馆CIP数据核字（2017）第258264号

出版发行 / 北京理工大学出版社有限责任公司
社　　址 / 北京市海淀区中关村南大街5号
邮　　编 / 100081
电　　话 / (010) 68914775（总编室）
　　　　　(010) 82562903（教材售后服务热线）
　　　　　(010) 68948351（其他图书服务热线）
网　　址 / http://www.bitpress.com.cn
经　　销 / 全国各地新华书店
印　　刷 / 定州市新华印刷有限公司
开　　本 / 787毫米×1092毫米　1/16
印　　张 / 7　　　　　　　　　　　　　　　　　　责任编辑 / 李慧智
字　　数 / 147千字　　　　　　　　　　　　　　　文案编辑 / 李慧智
版　　次 / 2019年4月第1版第2次印刷　　　　　　　责任校对 / 周瑞红
定　　价 / 19.00元　　　　　　　　　　　　　　　责任印制 / 边心超

图书出现印装质量问题，请拨打售后服务热线，本社负责调换

前　言

本书是语文教材的必要补充与延伸，练习是提高学生语文核心素养、提升其职业能力及职业素养的必要途径。根据《中等职业学校语文课程标准》要求，本套教材练习册依然针对中等职业学校学生的特点，编写与语文课本配套的练习册三册，即基础模块上下册，拓展模块一册。本套练习册编写的创新点：

一、编写原则与编写体例创新

本书继续体现该套语文教材的编写原则，即"工具性及人文性相统一""时代性与经典性相结合""语文素养与职业素养并重"，以"听说读写"为切入点，针对中职学生学情设计了每课课后练习和综合练习。课后练习根据课文设计，每单元前四篇课文均设计练习，语文综合实践活动不设计练习。

二、练习册板块设计创新

此套练习册分每课课后练习和综合练习，每课课后练习设计了"名人视野""知识浸润""评价反思"三个板块：

"名人视野"通过学习积累名人名家之言，开阔学生视野，实现文化的传承与创新，提升学生的思想境界，让其有大格局、大视野，在未来职业生涯规划中顺利实现岗位迁移与可持续发展。

"知识浸润"包含基础训练、阅读表达、趣味实践三项内容。基础训练通过对字形、字义、字音的区分，词语理解辨析、语法修辞应用、文学常识识记等，帮助学生丰富基础知识，提高语言理解与应用能力；阅读表达分为课内阅读与课外阅读，其中课内阅读选择课文中精彩段落和最能体现单元知识点和能力点的段落，深入理解文本，感悟作者情感，训练提升学生思维能力和阅读能力，同时提升学生审美发现与鉴赏能力；趣味实践通过设计富有情趣的语文实践活动，提高中职学生口语交际能力，提升其团队意识及合作精神，提高其职场适应性与竞争力。

"评价反思"通过对练习内容、完成环节的多元评价，引导学生学会自我反思、自我总结、自我提升，学会思考人生，学会对未来负责，只有这样中职生才有可能成长为勇于担当、勇于开拓、富有创新精神的大国工匠。

三、综合练习内容设计创新

每册书安排两个综合练习，全面考查学生语文基础知识及语文综合能力。综合练习的特点是综合性强，题目设计涵盖了听、说、读、写四项能力，而且注重对学生语文综合素养的考查，为提升中职学生职业能力服务。为了便于评价考核，综合练习设计时间为120分钟，分数100分。综合练习内容包括基础训练、阅读理解、语文实践活动、写作训练四大项。与其他教材的综合练习及单元测试有所不同，增加了语文实践活动，更加注重突出对语文能力的考核与评价。

语文是一门实践性很强的学科，语文能力的提升离不开语文实践与语文练习活动。语文练习册是配合语文教材编写的，建议老师灵活应用，练习册可以课上完成，可以课下完成，也可以适当选择部分题型完成或者是补充若干练习。总之，教师要明确练习册是为教学服务，最为关键的是为学生语文综合素养提升服务的，要灵活用好练习册，不要机械地使用练习册。由于编者水平所限，不足之处敬请批评指正。

编　者

目 录

第一单元 ·· 1
 第1课 忆大山 ··· 1
 第2课 与责任对话 ·· 5
 第3课 午夜电话 ··· 9
 第4课 邹忌讽齐王纳谏 ·· 13

第二单元 ·· 17
 第5课 向中国人脱帽致敬 ·· 17
 第6课 洛阳诗韵 ··· 21
 第7课 人格是最高的学位 ·· 25
 第8课 寡人之于国也 ·· 28

第三单元 ·· 31
 第9课 谈生命 ·· 31
 第10课 合欢树 ··· 35
 第11课 南州六月荔枝丹 ·· 39
 第12课 唐诗宋词四首 ·· 42

第四单元 ·· 45
 第13课 坎特公爵的秘密教材 ·· 45
 第14课 生活正被纳米改变 ·· 49
 第15课 劝学（节选） ·· 52
 第16课 写东西全都有所为 ·· 55

第五单元 ·· 59

第17课 感谢生活 ··· 59
第18课 警察与赞美诗 ··· 63
第19课 哈佛商学院流行的四则故事 ·································· 67
第20课 春江花月夜 ·· 70

综合练习题（一）·· 73

综合练习题（二）·· 79

参考答案 ·· 84

第一单元

第1课 忆大山

◎名人视野

> 人之相识，贵在相知；人之相知，贵在知心。
>
> ——孟轲
>
> 积累推荐：_____
>
> _____

◎知识浸润

一、基础训练

1. 下列加点字的注音全都正确的一项是（　　）。

   A. 吮吸（shǔn）　　涎皮（yán）　　敕造（chì）　　蜷（quán）缩
   B. 讪讪（shàn）　　悲怆（chuàng）　　俨然（yǎn）　　少不更事（jīng）
   C. 折本（shé）　　枯槁（gǎo）　　谬种（miù）　　沸反盈天（fèi）
   D. 蹙缩（cù）　　驯熟（xùn）　　两靥（yàn）　　攫铄（jué shuò）

2. 下列各组词语中，有错别字的一组是（　　）。

   A. 寒暄　憔悴　踌躇　疾恶如仇　　B. 慰藉　情愫　朦胧　眼花瞭乱
   C. 鞭笞　辨析　萦绕　诙谐幽默　　D. 深邃　频繁　缥缈　襟怀坦荡

3. 下列各句中，标点符号使用正确的一项是（　　）。

   A. 我在工作人员陪同下来到大山居住的小屋，相互问候之后，便开始了漫无边际的闲聊，文学艺术，戏曲电影，古今中外，社会人生，无所不及，无话不谈。

B. 他笑着说："我已瘦成这样，不像个人样儿了，叫人看见怪吓人的呀"！他虽是这样说，可还是挣扎着坐了起来。

C. 特别是我们由初次相识到相熟相知以后，他那超常的记忆、广博的知识、幽默的谈吐、机敏的反应，还有那光明磊落、襟怀坦荡、真挚热情、善良正直的品格，都给我留下了极其深刻的印象。

D. 我不时打听着他是否康复的消息，但每次得到的都是同样的回答，他的病情不见好转，却一天比一天更瘦了。

4. 对下列分析最正确的一项是（　　）。

王欢在一次面试中没有被录用。主考官提的问题是：请举一个例子，说明你在实习或社团活动中的创新。当时的背景是什么？你的创新是什么？取得了什么结果？

王欢事后回想，在面试中她只回答了"你的创新是什么"的问题。请你分析一下王欢犯的倾听错误是：

A. 没有听完整　　　　　　　　B. 没有听明白

C. 没有听深入　　　　　　　　D. 不能理解主考官的真实意图

二、阅读表达

(一) 课内阅读

1995年深秋，我从一个朋友口中得知大山患病并已做了手术，尽管说手术相当成功，还是给关心他的人们心头蒙上了一层厚重的阴影。我不时打听着他是否康复的消息，但每次得到的都是同样的回答：他的病情不见好转，却一天比一天更瘦了。后来，听说他到省四院做了食道扩张治疗，能吃进一些流食了。再后来，听说又不行了，正在北京协和医院做诊断检查。刚好，我那几天正在北京开会，便抽空到医院去看望他。<u>见到他时，眼中的大山早已不是昔日大山的模样，只见他面色憔悴，形体枯槁，蜷缩在病床上不停地咳嗽，只有那两只深深凹陷进去的眼球，还依然闪耀着流动的亮光。</u>他看到我进来，立即挣扎着从床上坐起，紧紧握住我的双手，激动的泪水早已夺眶而出。稍微平静些后，他就给我述说病情的经过。我坐在他的床头，不时说上几句安慰的话，尽管这种语言已显得是那样的苍白和无力。那次见面，我们两人都显得非常激动，因为我知道，恶魔般的细胞，此时已在大山的肝脏、胰脏和腹腔大面积扩散。我不忍心让他在病疼之中再过于激动，为了他能得以适度的平静和休息，我只好起身与他挥泪告别。临走，我告诉他，抽时间我一定再到正定去看他。

1. 听完整，就要仔细地倾听。你注意到文段中"从一个朋友口中""不时打听""后来，听说""再后来，听说"这些词语了吗？你从中体会到了怎样的情感？

2. "那次见面,我们两人都显得非常激动",为什么会有这样的情感?

3. 文中画线语句用的是哪种表达方式?请用这种表达方式写200字左右的语段。

(二)课外阅读

念奴娇·追思焦裕禄
习近平

中夜,读《人民呼唤焦裕禄》一文,是时霁月如银,文思萦系……

魂飞万里,盼归来,此水此山此地。百姓谁不爱好官?把泪焦桐成雨。生也沙丘,死也沙丘,父老生死系。①暮雪朝霜,毋改英雄意气!

依然月明如昔,思君夜夜,肝胆长如洗。路漫漫其修远矣,两袖清风来去。为官一任,造福一方,遂了平生意。绿我涓滴,会它千顷澄碧。

[注]①焦裕禄临终前说:"我死后只有一个要求,要求党组织把我运回兰考,埋在沙丘上。活着我没有治好沙丘,死了也要看着你们把沙丘治好!"

1. 下列加点词语解释有误的一项是( )。

A. 是时霁月如银(指雨过天晴时的皎洁明月,也常常用作人品高洁的象征)。

B. 百姓谁不爱好官?把泪焦桐成雨(东汉蔡邕,曾用烧焦的桐木做了一把琴,音色极好,称为"焦尾琴",泛指好琴。焦桐、焦尾琴、焦裕禄,一字三关,都是状焦之美好。也特指焦裕禄为人民做好事,留下了好的口碑)。

C. 暮雪朝霜,毋改英雄意气(比喻时光短暂。暮雪,指黄昏时候的雪。朝霜,指早晨的霜)。

D. 绿我涓滴,会它千顷澄碧(指微小的水滴,这里有自谦之意)。

2. 把你最喜欢的句子写在下面的横线上,并说说喜欢的理由。

最喜欢的句子:_____。

喜欢的理由:_____。

3. 听完整全词,判断下列说法有误的一项是( )。

A. "魂飞万里,盼归来,此水此山此地",一个"盼"字落笔千钧,其热切与执着呼之欲出。

B. "依然月明如昔",语带双关,看似是描写环境的一处闲笔,其实是对焦裕禄美好品德的象征。

C. "路漫漫其修远矣"巧妙化用了李白的诗句。

D. 这首词寄意高远,感情真挚,语言质朴,意象鲜明。

三、趣味实践

活动内容:"测测你的倾听力"

活动要求:这是一道倾听能力测试题,要求在30秒内答完。

1. 请在语文本扉页的右下角写你的姓名;
2. 请在姓名的下方写你的出生日期(格式为:××××年××月××日);
3. 请在姓名的上方写你去年所在学校的名称;
4. 请在语文本第二页横排默写李白的一首诗;
5. 请在作者后面写下作者的字、号、朝代及代表作品;
6. 请在语文本第三页竖排默写杜甫的《登高》;

请认真倾听以上内容,如已倾听完毕请只做前两道题。

◎评价反思

项目	等级		优	良	一般	加油
一	名人视野					
二	知识浸润	基础训练				
		阅读表达				
		趣味实践				
三	反思评价	自我评价				
		小组评价				
		教师评价				

第2课　与责任对话

◎名人视野

> 君子有九思：视思明，听思聪，色思温，貌思恭，言思忠，事思敬，疑思问，忿思难，见得思义。
>
> ——孔丘

积累推荐：_____

_____

◎知识浸润

一、基础训练

1. 下列词语中，加点字注音和书写完全正确的一项是（　　）。

A. 战鹰(yīng)　　真谛(dì)　　娴(xián)熟　　中流抵(dǐ)柱

B. 帽徽(huī)　　粗犷(guǎng)　　寥(liáo)落　　原形毕(bì)露

C. 血渍(zì)　　懈怠(xiè)(dài)　　执拗(zhí)(niù)　　百无聊籁(lài)

D. 缄(jiān)默　　熟谙(yīn)　　频(pín)繁　　通宵(xiāo)达旦

2. 下列说法有误的一项是（　　）。

A. 杨利伟是中国进入太空的第一人。

B. 杨利伟是"神舟"六号载人飞船成功载人航天的标志和代表。

C. 费俊龙、聂海胜是"神舟"六号载人飞船成功载人航天的标志和代表。

D. 2004年2月12日，杨利伟荣获2003年度感动中国十大人物。

3. 要听明白下列语句，最正确的选项是（　　）。

这种食物可以治(致)癌。

A. 要听完整　　　　　　　　　　B. 要准确筛选重要信息

C. 要认真分辨语境中词语的含义　　D. 要听深入

4. 在求职面试时，面试官问李星：你觉得自己做过的最失败的一件事情是什么？面试官问李星这个问题的主要意图是什么？（　　）

A. 想了解一下李星的失败经历。
B. 随便问问而已。
C. 希望听到李星说"我没有失败的经历"。
D. 想了解李星在失败中处理问题的方法，以及对待失败的态度。

二、阅读表达

(一) 课内阅读

我举个小的例子，我们那会儿呢，训练是跟着工程来推进的。工程发展到哪一个阶段，我们就学习到哪个阶段。我清楚地记得进行模拟器训练时的情景。所谓模拟器，就是地面的一个模拟的返回舱，它跟天上的飞船是一模一样的。我们进舱的机会特别少。我当时为了这种训练，花了几个月的工资，买了一台摄像机，把所有的场景都拍摄了下来。在我的电脑里面，编排了一个小片子，每天对着它去练。练到最后能达到什么程度呢？我一闭上眼睛，飞船里所有的设备，在哪个位置，有什么功能，甚至于我们好多频繁使用的一些开关按钮，因为摩擦之后颜色发生了什么变化，都会在我的脑海里面清晰地展现出来。讲什么意思呢？核心就是理解。<u>真正理解了你所从事的工作，理解了它的意义所在，你就会为此想尽一切的办法，为之而奋斗！</u>

1. 文段中讲了什么事件？请加以概括。

2. 从画线的语句中，你能听明白责任是什么吗？
责任是_____。

3. 作为一个中职生，你想对"责任"说些什么？

(二) 课外阅读

各位北大的同学们：

你们好吗！站在这个舞台开讲，真的是很不简单，算是成功了哦。人都要有梦想，其实我跟大家一样，觉得自己非常平凡，只是学了点音乐而已。<u>学了这音乐呢，最后能够站在这个舞台演讲，也不容易啊</u>。因为我没有考上大学，但是我却跟你们演讲，你们会不会觉得有点奇怪？方文山也才读过小学而已，不过他写的东西却能够到教材里面，这时候是不是应该给他点掌声？所以我觉得厉害的人、不平凡的人并不是书要念得多好。我觉得他要有一技之长，本身呢也要听妈妈的话，尊师重道。那时候我妈妈很希望我可以考上音乐系然后读大学。我大概考了两次，可能我不是读书的料，而且我又很爱打球，所以自己也不知道心里是怎么搞的，可能就有一种运动细胞吧。其实我现在讲的这些，都是我未来成功的一些关键。你想一想，年轻时候如果我是被好好地关在那边，我没有去学琴，我没有去打球，我现在怎么拍《功夫篮球》《大灌篮》，是吧？那时候如果我没有学琴，我现在怎么拍《不能说的秘密》，对吧？那时候如果不喜欢看这些武术的电影，我怎么拍《青蜂侠》，对吧？这些呢，都不是父母让你去学的，你是有自发性的，你喜欢这样的东西。所以我觉得人要有一技之长，比学历更重要。这些是我一直在跟小朋友讲的。

(节选自周杰伦在《开讲啦》第28期的励志演讲稿《你可以不平凡》)

1. 请用下列词语，连成一段300字左右的语段。

不简单　成功　梦想　不平凡　一技之长　学历

2. 听明白，要把握说话人传递的主要信息，对这些信息快速地做出筛选或概括。试归纳文段内容要点，看谁归纳得最全面、最准确。并说说演讲中强调的重要观点是什么。

3. 从演讲者的角度，客观地倾听，请说说画线句子的含义。

三、趣味实践

活动内容："听明白再传"

活动要求：1. 以小组为单位，进行传话比赛。以抽签的形式，教师给每组的第一位同学分发"倾听提示卡"，卡上的内容只让第一位同学看。第一位同学看后，教师收回。

2. 前一位同学依次在下一位同学的耳边轻轻说出传话内容。整个过程中，听话的同学不能说话，只能听，可以做眼神或动作交流。

3. 最后，传得最准确、速度最快的一组获胜。

4. 比赛结束，请获胜或失利的小组交流经验或教训。

◎评价反思

项目		等级	优	良	一般	加油
一	名人视野					
二	知识浸润	基础训练				
		阅读表达				
		趣味实践				
三	反思评价	自我评价				
		小组评价				
		教师评价				

第3课　午夜电话

◎名人视野

> 要做一个善于辞令的人，只有一种办法，就是学会听人家说话。
>
> ——[古希腊]莫里斯

积累推荐：_____
_____

◎知识浸润

一、基础训练

1. 读准下列字音并在词中填入相应的字。

(chuò)_____泣　(gū nong)_____话　(tǒng)_____　(bō)_____错
(diǎn)_____脚　(kā dā)_____　　(yíng)_____满　如(shì)_____重负

2. 结合课文，在括号中选择恰当的词语填在横线上。

A. 我猛吸了一口凉气，松开丈夫的手腕，把手_____（覆　放）在前额上。

B. 极度压抑着痛苦的啜泣声通过话筒_____（传送　灌注）到我的心里面。

C. 我觉得喉间_____（堵　哽）着一块硬块，眼睛注视着床头柜上那本打开的小册子《如何跟你的孩子交谈》。

D. "练习什么？"她_____（嘀咕　咕哝）了一句。

3. 倾听下列语句，放在横线上最恰当的一句是（　　）。

在今天这个晴空万里、艳阳高照的吉时良辰，大家欢聚一堂，共同见证恒达公司开业庆典。借此机会，我谨代表恒达公司全体员工，向光临今天开业庆典的各位领导、各位嘉宾、各位朋友表示热烈的欢迎！_____！

A. 向与我们同舟共济、休戚与共的各位客户表示衷心的感谢

B. 我们衷心感谢与我们同舟共济、休戚与共的各位客户

C. 参加这次庆典的与我们同舟共济、休戚与共的各位客户，我们表示诚挚的感谢

D. 参加这次庆典的与我们同舟共济、休戚与共的各位客户,将受到诚挚的感谢

4. 要听深入下列语句,最正确的选项是( )。

"恭喜你,发财了!"

A. 要留意对方说话时的表情。

B. 要看说话对象与你的亲疏关系。

C. 要根据说话者所处的语境正确判断话语的信息。

D. 要留意对方说话时的语音。

二、阅读表达

(一)课内阅读

她一定听到电话里的咔嗒声,因为她问:"你还在听吗?请不要挂断电话!我需要你,我觉得很孤独。"我抓着话筒,"是的,我在听,我不会挂的。"我说。

"我早就应该告诉你,妈妈……我知道我应该告诉你。但是我们一谈话,你就只是告诉我应该怎样做。你从不肯听我说,你从不肯听我告诉你我的感觉,好像我的感觉一点也不重要。因为你是我的母亲,你认为你知道所有的答案。但是有时候,我不需要答案,我只想有人听我说。"

我觉得喉间哽着一块硬块,眼睛注视着床头柜上那本打开的小册子《如何跟你的孩子交谈》。"我在听着呢。"我轻声说。

1. 从画线语句中,你听出女孩有哪些心理特点?

2. "我"在文中是一个什么样的形象?从"我"身上你得到什么启示?

3. 文中的哪句话说出了你的心声?

(二)课外阅读

他是黑人,1963年出生于纽约布鲁克林贫民区。对于未来,他看不到什么希望。

十三岁的那一年,有一天,父亲突然递给他一件旧衣服:"这件衣服能值多少钱?""大概一美元。"他回答。"你能将它卖到两美元吗?"父亲用探询的目光看着他。"傻子才会买!"他赌着气说。父亲的目光真诚又透着渴求:"你为什么不试一试呢?要是你卖掉了,也算帮了我和你的妈妈。"他这才点了点头:"我可以试一试,但是不一定能卖掉。"他很小心地把衣服洗干净,没有熨斗,他就用刷子把衣服刷平,铺在一块平板上阴干。第二天,他带着

这件衣服来到一个人流密集的地铁站，经过六个多小时的叫卖，他终于卖出了这件衣服。

过了十多天，父亲突然又递给他一件旧衣服："你想想，这件衣服怎样才能卖到二十美元？"怎么可能？这么一件旧衣服怎么能卖到二十美元？它最多只值两美元。"你为什么不试一试呢？"父亲启发他，"好好想想，总会有办法的。"终于，他想到了一个好办法。他请自己学画画的表哥在衣服上画了一只可爱的唐老鸭与一只顽皮的米老鼠。他选择在一个贵族子弟学校的门口叫卖。不一会儿，一个开车接少爷放学的管家为他的小少爷买下了这件衣服。那个十来岁的孩子十分喜爱衣服上的图案，一高兴，又给了他五美元的小费。二十五美元，这无疑是一笔巨款！

回到家后，父亲又递给他一件旧衣服："你能把他卖到两百美元吗？"父亲目光深邃，像一口老井幽幽地闪着光。这一回，他没有犹疑，他沉静地接过了衣服，开始了思索。

(节选自朱国勇《高贵的生命不卑微》，发表于《读写月报》2011年第四期)

1. 联系上下文，听辨下列句子中加点词语的含义。

父亲目光深邃，像一口老井幽幽地闪着光。

("一口老井"用了哪种修辞手法？有什么表达效果？)

2. 认真倾听父亲让儿子去卖旧衣服的三次对话，你听出父亲的用意是什么？有何变化？

3. 听深入全文传递的信息，说说为什么"高贵的生命不卑微"？

三、趣味实践

活动内容："倾听益智故事"

活动要求：倾听故事的提问，并在"对""错"和"不确定"三者中圈选出你认为正确的答案。

商店打烊，一个商人刚关上店里的灯，一男子来到店堂并索要钱款。店主打开收银机，收银机内的东西被倒了出来而那个男子逃走了。一位警察很快接到报案。

1. 店主将店堂内的灯关掉后，一男子到达。（对　错　不确定）
2. 抢劫者是一男子。（对　错　不确定）
3. 打开收银机的那个男子是店主。（对　错　不确定）
4. 店主倒出收银机中的东西后逃离。（对　错　不确定）
5. 故事涉及三个人物：店主、一个索要钱款的男子、一位警察。（对　错　不确定）

◎评价反思

项目 \ 等级			优	良	一般	加油
一	名人视野					
二	知识浸润	基础训练				
		阅读表达				
		趣味实践				
三	反思评价	自我评价				
		小组评价				
		教师评价				

第4课　邹忌讽齐王纳谏

◎ 名人视野

> 信言不美，美言不信；善者不辩，辩者不善；知者不博，博者不知。
>
> ——《老子》
>
> 积累推荐：_____
>
> _____

◎ 知识浸润

一、基础训练

1. 解释加点词的意思。

形貌昳丽（　　）　　　　　　邹忌修八尺有余（　　）

朝服衣冠（　　）（　　）　　皆以美于徐公（　　）

臣诚知不如徐公美（　　）　　能面刺寡人之过者（　　）

2. "而"作连词用时，通常有以下几种用法：A. 表并列　B. 表修饰　C. 表承接　D. 表转折　E. 表因果　F. 表假设　G. 表递进　H. 表目的。请对以下句中"而"的用法加以判断，并将序号填入括号中。

（1）邹忌修八尺有余，而形貌昳丽（　　）　（2）忌不自信，而复问其妻曰（　　）

（3）窥镜而自视，又弗如远甚（　　）　　　（4）暮寝而思之（　　）

（5）林木茂而斧斤至焉（　　）　　　　　　（6）君子博学而日参省乎己（　　）

3. 下列句中加点字与"能面刺寡人之过者"中的"面"字用法相同的一项是（　　）。

A. 吾妻之美我者，私我也　　　B. 闻寡人之耳者

C. 朝服衣冠　　　　　　　　　D. 臣之妻私臣

4. 下列选项正确的一项是（　　）。

"高山流水"最先出自《列子·汤问》，传说俞伯牙善鼓琴，钟子期善听。伯牙鼓琴志在高山，钟子期曰："善哉，峨峨兮若泰山。"志在流水，钟子期曰："善哉，洋洋兮若江河。"

A. 钟子期假装倾听　　　　　　B. 钟子期选择性倾听

C. 钟子期专注倾听　　　　　　D. 钟子期积极倾听

二、阅读表达

(一) 课内阅读

于是入朝见威王，曰："臣诚知不如徐公美。臣之妻私臣，臣之妾畏臣，臣之客欲有求于臣，<u>皆以美于徐公</u>。今齐地方千里，百二十城，宫妇左右莫不私王，朝廷之臣莫不畏王，四境之内莫不有求于王。由此观之，王之蔽甚矣。"

王曰："善。"乃下令："群臣吏民，能面刺寡人之过者，受上赏；上书谏寡人者，受中赏；<u>能谤讥于市朝，闻寡人之耳者，受下赏</u>。"令初下，群臣进谏，门庭若市；数月之后，时时而间进；期年之后，虽欲言，无可进者。

1. "令初下，群臣进谏，门庭若市"说明了什么问题？

2. "此所谓战胜于朝廷"中的"此"指代什么？"战胜于朝廷"的意思是什么？

3. 把画线句子翻译成现代汉语。
(1) 皆以美于徐公。

(2) 能谤讥于市朝，闻寡人之耳者，受下赏。

(二) 课外阅读

(一)

曾子①之妻之市，其子随之而泣。其母曰："女②还，顾反为女杀彘③。"妻适市来，曾子欲捕彘杀之。妻止之曰："特与婴④戏耳。"曾子曰："婴儿非与戏也。婴儿非有知也，待父母而学者也，听父母之教。今子欺之，是教子欺也。母欺子而不信其母，非以成教也。"遂烹彘也。(《韩非子》)

[注]①曾子，名参，孔子的学生。②女，同"汝"，你。③彘(zhì)，猪。④婴儿，小孩。

1. 下列加点词语在文中的意思，解释错误的一项是(　　)。
A. 顾反为女杀彘(返回)　　　　B. 妻适市来(适合)
C. 特与婴儿戏耳(只，只是)　　D. 今子欺之(你)

2. 下列加点字"之",解释有误的一项是(　　)。
①曾子之妻之市(第一个"之",助词"的";第二个"之",可不译)
②其子随之而泣(她,指小孩的母亲)
③曾子欲捕彘杀之(它,指猪)
④妻止之曰(他,指曾子)
A. ①②③　　　　B. ②③　　　　C. ②④　　　　D. ③④

3. 下列关于文章内容的分析,错误的一项是(　　)。
A. 曾子之妻答应"杀彘",只是为了哄骗儿子。
B. 曾子要"捕彘杀之",是为了使妻子信守诺言。
C. 曾子认为,小孩子是不懂事的,等父母去教育他如何学习,听从父母的教导。
D. 这个故事的寓意是,要从小养成诚实的品质。

(二)

有献不死之药于荆王者,谒者①操以入。中射之士②问曰:"可食乎?"曰:"可。"因夺而食之。王怒,使人杀中射之士。中射之士使人说王曰:"臣问谒者,谒者曰:'可食。'臣故食之。是臣无罪,而罪在谒者也。且客献不死之药,臣食之,而王杀臣,是死药也。王杀无罪之臣,而明人之欺王。"王乃不杀。(《战国策》)

[注]①谒者:禀报的人。②中射之士:即中射士,王宫的卫士。

1. 解释下列加点词语。
是臣无罪_____　　　　　　　王乃不杀_____

2. 翻译文中画线句子。
且客献不死之药,臣食之,而王杀臣,是死药也。

3. 这个故事给你什么启发?

三、趣味实践

活动内容:"只有一个橘子"怎么办?

活动要求:1. 全班分成小组。小组长给组员讲《只有一个橘子》的故事:两个小女孩一起走进厨房想找橘子,但最后在厨房的桌子上只找到一个橘子。

2. 小组长提问组员:"这两个小女孩该怎么办?"记录员把大家的建议列在白纸上。

3. 小组长再问组员:"在知道小女孩怎么办之前,我们是否需要知道一条重要的信息?"

4. 记录员记录发言，最先正确说出这条重要信息的小组获胜。

◎评价反思

项目		等级	优	良	一般	加油
一	名人视野					
二	知识浸润	基础训练				
		阅读表达				
		趣味实践				
三	反思评价	自我评价				
		小组评价				
		教师评价				

第二单元

第5课　向中国人脱帽致敬

◎名人视野

> 为什么我的眼里常含泪水?
> 因为我对这土地爱得深沉。
> ——艾青
>
> 积累推荐：_____
> _____

◎知识浸润

一、基础训练

1. 给加点的字注音。

　　刁难(　　)　　倏地(　　)　　戳着(　　)　　酿就(　　)　　沉寂(　　)

2. 课文内容填空。

　　对话课上，教授问了"我"许多问题，概括起来共有四个方面：(1)在中国，新闻工作者是如何工作的？(2)_____？(3)台湾问题是谁的责任？(4)_____？"大胡子"教授提出这些问题，都是围绕着一个目的：_____。

3. 班主任对王林说："请你转告团支书，团委通知咱们班发展三名新团员，让她负责组织选举，明天早读时把结果告诉我。"

　　王林找到团支书，说："_____。"

二、阅读表达

(一)课内阅读

教授两只手都插入裤袋，挺直了胸膛问："我可以知道您是来自哪个中国的吗？"

班上当即冷场。我慢慢地对我的教授说："先生，我没有听清楚您的问题。"

他清清楚楚、一字一句地又重复一遍，我看着他的脸。那脸，大部分掩在浓密的毛发下。我告诉那张脸，我对法兰西人的这种表达方式很陌生，不明白"哪个中国"一说可以有什么样的解释。

"那么，"教授说，"我是想知道，您是来自台湾中国还是北京中国？"

雪花在窗外默默地飘。在这间三面墙壁都是落地玻璃的教室里，我明白地感觉到了那种突然冻结的沉寂。几十双眼睛，蓝的绿的褐的灰的，全都瞪大了盯着三个人来回看。看教授，看我，看我对面那位台湾同学。

"只有一个中国，教授先生，这是常识。"我说。马上，教授和全班同学一起，都转了脸去看那位台湾人。那位黑眼睛黑头发黄皮肤的同胞正视了我，连眼皮也不眨一眨，冷冷地慢慢道来："只有一个中国，教授先生，这是常识。"

话音才落，教室里便响起了一片松动椅子的咔咔声。

1. 答问的技巧有针对性、灵活性、艺术性、巧妙性，在这一个回合的交锋中，"我"采用了怎样的技巧？请做简要分析。

2. "那位黑眼睛黑头发黄皮肤的同胞正视了我，连眼皮也不眨一眨，冷冷地慢慢道来：'只有一个中国。教授先生。这是常识。'"在说话时，表情、语气也能表达说话人的态度立场，句中加点的词语表明了台湾学生怎样的态度？

3. 说说下面两句环境描写的作用。

(1)雪花在窗外默默地飘。在这间三面墙壁都是落地玻璃的教室里，我明白地感觉到了一种突然冻结的沉寂。

(2)话音才落，教室里便响起了一片松动椅子的咔咔声。

(二)课外阅读

丑 兵
莫 言

1976年冬天,排里分来了几个山东籍新战士,除王三社外,都是小巧玲珑的身材,白白净净的脸儿。王三社,真是丑得扎眼眶子,与其他人站在一起,恰似白杨林中生出了一棵歪脖子榆树,白花花的鸡蛋堆里滚出了一个干疤土豆。和丑兵一起入伍的"小豆子"等人称他为卡西莫多。后来,丑兵向连里打了一个报告,到生产组喂猪去了。

1979年初,中越边境关系紧张到白热化程度,战争大有一触即发之势。动员大会之后,决心书、请战书一摞摞地堆在连部桌子上。晚上,支委会正式讨论去南边的人员名单,会开到半截,丑兵闯了进来。

指导员疑惑地笑着问:"王三社同志,你?"

丑兵眼睛潮乎乎地说:"我想上前线。我虽然长得不好看,但是,我也是个人,中国青年,中国人民解放军战士!"丑兵被批准上前线了。

开完欢送会,我躺在床上翻来覆去睡不着,就披衣下床,向丑兵住的房子走去——他单独睡在猪圈旁边一间小屋里。半个月亮明灿灿地照着营区,像洒下一层碎银。小屋里还亮着灯,我推开门走进去,丑兵正在用玉米糊糊喂一头小猪崽,见我进来,他慌忙站起来。把喂好的小猪抱进一个铺了干草的筐子里:"这头小猪生下来不会吃奶,放在圈里会饿死的,我把它抱回来单养……"我说:"小王,咱们就要分手了,你有什么话就说出来吧,千万别憋在肚子里。"

他沉吟了半晌:"副连长,我这次是抱着拼将一死的决心的,不打出个样子来,我不活着回来。我不敢指望人们喜欢我,也不敢指望人们不讨厌我。爱美之心,人皆有之;厌丑之心人亦皆有之。谁也不能扭转这个规律,就像我的丑也不能改变一样。但是,美,仅仅是指一张好看的面孔吗?<u>小豆子他们叫我卡西莫多,开始我认为是受了侮辱,渐渐地我就引以为荣了</u>……两年来,我读了不少书,并开始写一部小说。"

他从被子下拿出厚厚一叠手稿,把手稿递给我,我小心翼翼地翻看着,从那工工整整的字里行间,仿佛有一支悠扬的歌子唱起来,一个憨拙的孩子沿着红高粱烂漫的田间小径走过来……

"副连长,我就要上前线了,这部稿子就拜托您给处理吧……"

我紧紧地拉着他的手:"好兄弟,谢谢你,谢谢你给我上了一场人生课……"

几个月后,和丑兵一块上去的战友纷纷来了信,但丑兵和小豆子却杳无音讯。

丑兵的小说投到一家出版社,编辑部很重视,来信邀作者前去谈谈,可是丑兵却如石沉大海一般,这实在让人心焦。

终于,小豆子来信了。他写道:……我和三社并肩搜索前进,不幸触发地雷,我眼前一黑,就倒了下去。不知过了多长时间,我感觉到被人背着慢慢向前爬行。我大声问:"你是谁?"他瓮声瓮气地说:"老卡。"我挣扎着要下来,他不答应。后来,他越爬越慢,终于停住了。我意识到不好,赶忙喊他,摸他。我摸到了他流出来的肠子……

丑兵死了,竟应了他临行前的誓言。我的泪水打湿了信纸,心也一阵阵痉挛。

(选自《莫言中短篇小说散文选》,有删改)

1. 概要复述丑兵的故事。

2. 对于画线的句子,你是如何理解的?

三、趣味实践

活动内容:创造性复述

活动要求:对下面的故事进行改造性复述,运用合理的联想和想象展现故事情节。

齐宣王使人吹竽,必三百人。南郭处士请为王吹竽,宣王说之。廪食以数百人。宣王死,湣王立,好一一听之。处士逃。

◎评价反思

项目		等级	优	良	一般	加油
一	名人视野					
二	知识浸润	基础训练				
		阅读表达				
		趣味实践				
三	反思评价	自我评价				
		小组评价				
		教师评价				

第6课　洛阳诗韵

◎ 名人视野

> 没有个性的文化是一种使人感到注定毁灭的悲剧性文化。
>
> ——[法]罗曼·罗兰
>
> 积累推荐：_____
> _____

◎ 知识浸润

一、基础训练

1. 下列加点字的注音全部正确的一项是（　　）。

| 笑靥 | 贬谪 | 氤氲 | 衣袂 |

A. yàn　zhé　yūn　jué　　B. yè　dí　wēn　mèi

C. yè　zhé　yūn　mèi　　D. yè　dí　yùn　jué

2. 选词填空

龙门山（西山）和香山（东山）夹峙伊水，岚气氤氲，翠峰如簇，北流入洛的伊河，烟柳_____，春雾_____，鱼浪起，千片雪。看惯了黄河的_____，你定要惊异这伊水怎会如此_____；见多了黄土地的_____，你更会讶然这龙门两山竟夺得千峰翠色，_____；而教你真正称奇的，当然还是那浩大辉煌的石窟。

（薄　重　澄碧　苍凉　浊黄　春意乱生）

二、阅读表达

(一) 课内阅读

中原忆，最忆是洛阳。情思悠悠中写下这句话，连笔尖都带了几分醉意。

水自天上来的黄河，浩荡东去，沿途凝结了一颗颗明珠似的城市，洛阳是璀璨的一颗。

洛阳一似黄河激扬雄浑的音符，洛阳又像春之神明媚动人的笑靥。不不，洛阳是历史厚重的馈赠和沉积，从洛阳发掘的文化遗产，足可代表中华民族灿烂的精神财富。

在河南的二十四载中，洛阳是我去得最勤的地方，特殊的机遇和亲缘，使我对洛阳十分偏爱。我总觉得这个九朝古都，有着特殊的况味，不然的话，历代文人墨客，也不会把对洛阳的赞赏，写进千首万阕诗词里了。

"陆机入洛，噪起才名。"——三十年前，我曾抄录这一古句，慰勉当时发落邙山的兄长。我对这个东汉、魏晋、隋唐时代的全国乃至亚洲的经济文化中心，有着笃诚的崇拜。洛阳，光名字就是古色古香，充满文情和诗意的；洛阳，历代才俊辈出，在东汉时就有过3万多太学生呐！

1. 说话要有明确的主旨，找出选文中表达作者对洛阳感情的句子、词语。

2. 说话要讲究艺术性，看看画线的句子用了什么修辞？作用是什么？

3. "特殊的况味"指什么？从原文中找出相应的词句并按照一定的顺序加以概括。

(二) 课外阅读

它被世人所期待、所仰慕、所赞誉，是由于它的美。

它美得秀韵多姿，美得雍容华贵，美得绚丽娇艳，美得惊世骇俗。它的美是早已被世人所确定、所公认的了。它的美不惧怕争议和挑战。

欧阳修曾有诗云：洛阳地脉花最重，牡丹尤为天下奇。

传说中的牡丹，是被武则天一怒之下逐出京城，贬去洛阳的。却不料洛阳的水土最适合牡丹的生长。于是洛阳人种牡丹蔚然成风，渐盛于唐，极盛于宋。每年阳历四月中旬春色融融的日子，街巷园林千株万株牡丹竞放，花团锦簇香云缭绕——好一座五彩缤纷的牡丹城。

所以看牡丹是一定要到洛阳去看的。没有看过洛阳的牡丹就不算真看过牡丹。况且洛阳牡丹还有那么点来历，它因被贬而增值而名声大噪，是否因此勾起人的好奇也未可知。

其实你在很久以前并不喜欢牡丹。因为它总被人作为富贵膜拜。后来你目睹了一次牡丹的落花，你相信所有的人都会为之感动：一阵清风徐来，娇艳鲜嫩的盛期牡丹忽然整朵整朵地坠落，铺散一地绚丽的花瓣。那花瓣落地时依然鲜艳夺目，如同一只奉上祭坛的大鸟脱落的羽毛，低吟着壮烈的悲歌离去。牡丹没有花谢花败之时，要么烁于枝头，要么归于泥土，它跨越萎顿和衰老，由青春而死亡，由美丽而消遁。它虽美却不吝惜生命，即使告别也要留给人最后一次惊心动魄的体味。

(节选自《牡丹的拒绝》，作者张抗抗，有删改)

1. 查找资料，讲一讲牡丹被贬的故事，在全班分享。

2. 为什么说"没有看过洛阳的牡丹就不算真看过牡丹"？

3. "看花人"为什么会被牡丹的落花情景所感动？（用原文回答）落花情景能给你怎样的启示？

三、趣味实践

活动内容：故事新编

活动要求：从下面五幅图中任选 2~3 幅组合，排列顺序，编成一个生动有趣的小故事。

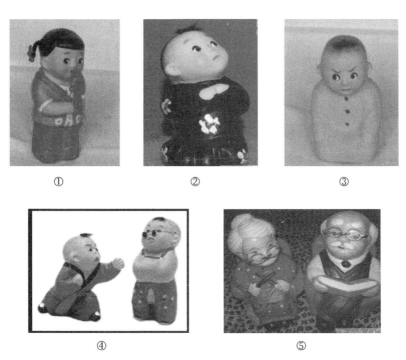

◎ 评价反思

项目 \ 等级			优	良	一般	加油
一	名人视野					
二	知识浸润	基础训练				
		阅读表达				
		趣味实践				
三	反思评价	自我评价				
		小组评价				
		教师评价				

第7课　人格是最高的学位

◎名人视野

> 无论做什么事情，只要肯努力奋斗，是没有不成功的。
> ——牛顿
>
> 积累推荐：_____
> _____

◎知识浸润

一、基础训练

1. 给下列加点字注音。

   教诲(　　)　　　透露(　　)　　　典籍(　　)　　　飒爽(　　)
   呼号(　　)　　　汲取(　　)　　　执著(　　)　　　魅力(　　)

2. 下列词语字形无误的一组的是(　　)。
   A. 教诲　　氛围　　和协　　意未深长　　B. 惊讶　　徜徉　　阴霾　　芸芸众生
   C. 典籍　　相悖　　吻合　　白发沧沧　　D. 呐喊　　延续　　魅力　　飒爽英资

3. 下列对演讲词理解不正确的一项是(　　)。
   A. 演讲词的开头应该诱发听众兴趣，奠定演讲的基调、寓含或点明演讲主旨。
   B. 演讲词的主体部分应该阐述主题，感染听众，说服听众。
   C. 演讲词的结尾或抒发情感，催人奋进；或揭示主题，给人力量；或展望未来，鼓舞斗志；或富有哲理，发人深思。
   D. 演讲稿的标题格式固定，不得随意变换。

二、阅读表达

(一)课内阅读

前几天我在北大听到一个故事，清新而感人。一批刚走进校园的年轻人，相约去看季羡林先生。走到门口，却开始犹豫，他们怕冒失地打扰了先生。最后决定，每人用竹子在

季老家门口的土地上留下问候的话语,然后才满意地离去。

这该是怎样美丽的一幅画面!离季老家不远,是北大的博雅塔在未名湖中留下的投影,而在季老家门口的问候语中,是不是也有先生的人格魅力在学子心中留下的投影呢?只是在生活中,这样的人格投影在我们心中还是太少。

1. 发挥想象,说说学生们在季老门口留下了哪些问候语。

2. "这该是怎样美丽的一幅画面!在季老家不远,是北大的博雅塔在未名湖中留下的投影,而在季老家门口的问候语中,是不是也有先生的人格魅力在学子心中留下的投影呢?"这句话的含意是什么?

3. 查找季羡林先生的相关资料,说说他的人格魅力体现在哪里。

(二)课外阅读

底 线

冯骥才

一个物欲的时代和一个非物欲的时代,人的底线是不同的。社会的底线也在下降。所谓社会底线下降,就是容忍度的放宽。原先看不惯的,现在睁一只眼闭一只眼了;原先不能接受的,现在不接受也存了。在商业博弈中,谎话欺骗全成了"智慧";在社会利益竞争中,损人利己成了普遍的可以获利的现实;诚信有时非但无从兑现,甚至成为一种商业的吆喝或陷阱。在这样的社会生态中,人的底线不知不觉在下降。

可是这底线就像江河的水线,水有一定高度,船好行驶,人好游泳。如果有一天降到了底儿,大家就一起陷在烂泥里。我们连自己是脏是净是谁也不知道了。

所以,人总得有自己做人做事的底线。其实这底线原本是十分清楚的。比如人不能"见利忘义""卖友求荣""卖国求荣""乘人之危",不能"虐待父母""以强凌弱""恩将仇报""落井投石",还有"不义之财君莫取""朋友妻不可欺"等。

这个古来世人皆知的底线,也是处世为人的标准,似乎已被全线突破了。

底线无形地存在于两个地方。一在社会中,一在每个人心里。如果人们都降低自己的底线,社会的底线一定下降。社会失去共同遵守的底线,世道人伦一定败坏;如果人人守住底线,社会便拥有一条美丽的水准线——文明。因此说,守住底线,既为了成全社会,也为成全自己。

然而,这两个底线又相互影响。关键是在碰到低于你的底线时,你是降下自己的底线,随波逐流,还是坚守自己的底线,洁身自好?有人说,在物欲和功利的社会里,这底线是脆弱的。依我看，社会的底线可能是脆弱的，人的底线依旧可以坚强，牢固不破。

底线是人的自我基准，道德的基准，处世为人的基准。

人的自信是建立在底线上的。没有底线，一定会是一塌糊涂的失败的自我，乃至失败的人生。有底线，起码在"人"的层面上，获得了成功的自我与成功的人生。

(选自2013年6月3日《今晚报》，有删改)

1. 说话要有逻辑性，请说说本文的论证思路。

2. 联系你的学习生活实际，说说你对"底线"的看法。

三、趣味实践

活动名称：说说"班级魅力之星"

活动要求：在班级中，总有一些同学用他们的人格魅力赢得别人的尊重，请你用下面的形式说一组排比句，表达你对这些同学的赞美。

我欣赏_____(人名)，因为他(她)_____(品质)；

我欣赏_____(人名)，因为他(她)_____(品质)；

我欣赏_____(人名)，因为他(她)_____(品质)。

◎评价反思

项目	等级	优	良	一般	加油
一	名人视野				
二	知识浸润 基础训练				
	阅读表达				
	趣味实践				
三	反思评价 自我评价				
	小组评价				
	教师评价				

第8课 寡人之于国也

◎名人视野

> 人之相识，贵在相知，人之相知，贵在知心。
> ——孟子
>
> 积累推荐：_____
> _____

◎知识浸润

一、基础训练

1. 下列各项加点字的注音都正确的一项是（　　）。
   A. 弃甲曳(yè)兵　　　洿(kuā)池
   B. 鸡豚狗彘(zhì)　　　数(cù)罟
   C. 不可胜(shèng)食　　饿莩(piǎo)
   D. 庠(yáng)序之教　　孝悌(tì)

2. 对下列句中加点的词语解释不正确的一项是（　　）。
   A. 河东凶亦然　　　　凶：荒年
   B. 直不百步耳　　　　直：仅，只
   C. 王无罪岁　　　　　罪：罪恶
   D. 涂有饿莩而不知发　涂：通"途"，道路

3. 下列对原文有关内容的概括和分析不正确的一项是（　　）。
   A. 孟子用战争作喻，让梁惠王自己认识到"移民移粟"的小恩小惠，与邻国统治者的治国不尽心在实质上是"百步"与"五十步"的关系，没有实质的区别。
   B. 孟子认为"不违农时""数罟不入洿池""斧斤以时入山林"，就是"王道"。
   C. 孟子用"狗彘食人食而不知检"和"涂有饿莩而不知发"对比，深刻揭示了当时社会的不平等，说明统治者没有用心。
   D. 《寡人之于国也》一文具有雄辩的气势，在语言上注重排比的运用，使文章音节铿锵，气势充沛。

二、阅读表达

(一)课内阅读

不违农时，谷不可胜食也；数罟不入洿池，鱼鳖不可胜食也；斧斤以时入山林，材木不可胜用也。谷与鱼鳖不可胜食，材木不可胜用，是使民养生丧死无憾也。养生丧死无憾，王道之始也。

五亩之宅，树之以桑，五十者可以衣帛矣。鸡豚狗彘之畜，无失其时，七十者可以食肉矣。百亩之田，勿夺其时，数口之家可以无饥矣；谨庠序之教，申之以孝悌之义，颁白者不负戴于道路矣。七十者衣帛食肉，黎民不饥不寒，然而不王者，未之有也。

狗彘食人食而不知检，涂有饿莩而不知发，人死，则曰："非我也，岁也。"是何异于刺人而杀之，曰"非我也，兵也?"王无罪岁，斯天下之民至焉。

1. 下面各句中全都属于孟子认为"王道之始"采取的措施的一组是(　　)。
①不违农时　　　②谷不可胜食也　　③斧斤以时入山林
④数罟不入洿池鱼　⑤鳖不可胜食也　　⑥是使民养生丧死无憾也
A. ①②③　　　　B. ②④⑥　　　　C. ①③④　　　　D. ②④⑤

2. 下面各句属于孟子认为"教民"的一项是(　　)。
A. 五亩之宅，树之以桑，五十者可以衣帛矣。
B. 鸡豚狗彘之畜，无失其时，七十者可以食肉矣。
C. 百亩之田，勿夺其时，数口之家可以无饥矣。
D. 谨庠序之教，申之以孝悌之义，颁白者不负戴于道路矣。

3. 孟子用了怎样的谈话技巧来表达自己的仁政措施?

(二)课外阅读

齐宣王问曰："文王之囿①方七十里，有诸?"孟子对曰："于传②有之。"曰："若是其大乎?"曰："民犹以为小也。"曰："寡人之囿方四十里，民犹以为大，何也?"曰："文王之囿方七十里，刍荛者③往焉，雉兔者(这里指猎人)往焉。与民同之，民以为小，不亦宜乎?臣始至于境，问国之大禁，然后敢入。臣闻郊关④之内，有囿方四十里，杀其麋鹿者如杀人之罪，则是方四十里，为阱于国中，民以为大，不亦宜乎?"

(节选自《孟子·梁惠王下》)

注释：①囿(yòu)：天子诸侯养禽兽的地方。②传(zhuàn)：记载史实的古书。③刍荛(chú ráo)者：割草打柴的人。④郊关：国都之外百里为郊，郊外有关。

1. 孟子在这则故事中表达了什么观点?

2. 孟子主要通过什么方法来阐明自己的观点?

三、趣味实践

活动名称：个性介绍

活动要求：在社交场合中，艺术性地自我介绍可以给人留下深刻的印象。仿照示例，做一段15秒左右的自我介绍，突出自己的特点。

在《挑战主持人》大赛中，有一个简短的自我介绍的环节，来自浙江杭州的选手陈欢这样介绍："看陈欢登台了，雄姿英发，羽扇纶巾，谈笑间，忧愁灰飞烟灭。"他巧妙地化用了苏轼《念奴娇·赤壁怀古》中的句子，给观众留下了深刻的印象，赢得了大家的掌声。

◎评价反思

项目		等级	优	良	一般	加油
一	名人视野					
二	知识浸润	基础训练				
		阅读表达				
		趣味实践				
三	反思评价	自我评价				
		小组评价				
		教师评价				

第三单元

第9课 谈生命

◎ **名人视野**

> 我们一步一步走下去,踏踏实实地去走,永不抗拒生命交给我们的重负,才是一个勇者。到了蓦然回首的那一瞬间,生命必然给我们公平的答案和又一次乍喜的心情,那时的山和水,又回复了是山是水,而人生已然走过,是多么美好的一个秋天。
>
> ——三毛
>
> 积累推荐:_____
> _____

◎ **知识浸润**

一、基础训练

1. 下列词语书写没有错误的一项是(　　)。
   A. 休憩　荫遮　娇奢　相生相承
   B. 挟卷　旋舞　飘翔　穿枝拂叶
   C. 芳馨　悱红　卑微　心魄惊骇
   D. 摧逼　羞怯　消融　一泄千里

2. 依次填入横线处的词语正确的一项是(　　)。
   有时候他遇到巉岩前阻,他愤激地(　　)了起来,(　　)着,(　　)着,前波后浪地起伏催逼,直到(　　)了这危崖,他才心平气和地一泻千里。
   A. 怒吼　回旋　奔腾　冲倒
   B. 回旋　怒吼　奔腾　冲过
   C. 奔腾　怒吼　回旋　冲倒
   D. 激动　怒吼　奔腾　冲过

二、阅读表达

(一) 课内阅读

　　生命又像一棵小树，他从地底聚集起许多生力，在冰雪下欠伸，在早春润湿的泥土中，勇敢快乐的破壳出来。他也许长在平原上，岩石上，城墙上，只要他抬头看见了天，呵！看见了天！他便伸出嫩叶来吸收空气，承受阳光，在雨中吟唱，在风中跳舞。他也许受着大树的荫遮，也许受着大树的覆压，而他青春生长的力量，终使他穿枝拂叶的挣脱了出来，在烈日下挺立抬头！他遇着骄奢的春天，他也许开出满树的繁花，蜂蝶围绕着他飘翔喧闹，小鸟在他枝头欣赏唱歌，他会听见黄莺清吟，杜鹃啼血，也许还听见枭鸟的怪鸣。他长到最茂盛的中年，他伸展出他如盖的浓荫，来荫庇树下的幽花芳草，他结出累累的果实，来呈现大地无尽的甜美与芳馨。秋风起了，将他叶子，由浓绿吹到绯红，秋阳下他再有一番的庄严灿烂，不是开花的骄傲，也不是结果的快乐，而是成功后的宁静和怡悦！终于有一天，冬天的朔风把他的黄叶干枝，卷落吹抖，他无力的在空中旋舞，在根下呻吟，大地庄严的伸出臂儿来接引他，他一声不响的落在她的怀里。他消融了，归化了，他说不上快乐，也没有悲哀！也许有一天，他再从地下的果仁中，破裂了出来。又长成一棵小树，再穿过丛莽的严遮，再来听黄莺的歌唱，然而我不敢说来生，也不敢信来生。宇宙是个大生命，我们是宇宙大气中之一息。江流入海，叶落归根，我们是大生命中之一叶，大生命中之一滴。在宇宙的大生命中，我们是多么卑微，多么渺小，而一滴一叶的活动生长合成了整个宇宙的进化运行。<u>要记住：不是每一道江流都能入海，不流动的便成了死湖；不是每一粒种子都能成树，不生长的便成了空壳！</u>生命中不是永远快乐，也不是永远痛苦，快乐和痛苦是相生相成的。等于水道要经过不同的两岸，树木要经过常变的四时。在快乐中我们要感谢生命，在痛苦中我们也要感谢生命。

1. 一棵小树经历了哪几种生命状态？

2. 文中画线句子给人深刻的启示，下列各项中对其理解不正确的一项是(　　　)。
　A. 揭示生命的真谛，生命的活力只有在奋斗中才能体现。
　B. 生命的愿望在于不断进取，克服一切困难，排除一切干扰。
　C. 成了死湖和空壳，也是生命存在的一种形式，不必遗憾。
　D. 只有不断流动，生命之水才有活力；只有不断生长，生命之树才能常青。

3. 结合全文，你领悟到生命的本质是什么？生命的规律又是怎样的？

(二) 课外阅读

生命是一种过程

生命是一种过程，你无法超越。

无论你出身于豪门深宅还是穷家陋室，向人世间报到的第一声必定是嘹亮的啼哭。从咿呀学语到蹒跚学步，你必须在大人的帮助下，完成属于你的生命初级阶段的探索；从风华正茂的青年到成熟丰稔的中年再到壮心不已的暮年，每个人的生命历程必然要被时间轮船载着驶向不同的港湾。

这个过程是不可逆的。

所以有圣人感叹：逝者如斯夫，不舍昼夜。所以有哲人高呼：当机会迎面扑来的时候，你牢牢抓住它，你就是天才。

选择是痛苦的。

你要么随波逐流，人云亦云，让生命在自己手中变成一张白纸，在时间的风里飘来荡去。你要么另辟蹊径，按照预定的设想选择一条属于自己的路，哪怕是磨烂双脚也义无反顾。这时你所面对的，也许是孤独和寂寞；但你奉献给社会的，也许是科技领域的重大发现，也许是艺术作品给人以赏心悦目的享受。也许什么都没有，只有你生命的充实。

作为常人，最重要的是把握你自己。当生命的过程临近尾声时，回首自己走过的路，你只要说一句：我努力过，奋斗过，此生无悔矣。你的生命便结出了虽不丰硕但却饱满的果实。

从这个意义上说，过程比结果重要得多。

1. 我们该怎样理解"选择是痛苦的"这句话？

2. 为什么作者说"过程比结果重要得多"？

3. 你同意作者的观点吗？如果同意，请说说它对你有什么启发；如果不同意，请亮出你的观点，并简要说说你的理由。

三、趣味实践

活动内容：仿写句子

活动要求：根据对课文的理解仿写句子，看谁写得又快又好。在全文中，冰心把生命比作"一江春水""一棵小树"，你还可以把生命比作什么？写出两个形象的比喻句来，字数不限。

◎评价反思

项目		等级	优	良	一般	加油
一	名人视野					
二	知识浸润	基础训练				
		阅读表达				
		趣味实践				
三	反思评价	自我评价				
		小组评价				
		教师评价				

第10课 合欢树

◎名人视野

> 成功的时候，谁都是朋友。但只有母亲——她是失败时的伴侣。
> ——郑振铎

积累推荐：_____
_____

◎知识浸润

一、基础训练

1. 下列加点字注音都正确的一项是(　　)。
A. 虔诚 qiān　　熏 xūn　　晃动 huàng
B. 胯上 kuà　　灸 jiǔ　　偏方 piān
C. 够呛 chuāng　逛 guàng　含羞草 xiū
D. 茂盛 miè　　瞪 dèng　偶尔 ǒu

2. 本文的体裁是(　　)。
A. 说明文　　B. 文学评论　　C. 回忆性散文　　D. 小说

3. 对课文内容的理解，正确的一项是(　　)。
A. 我一直喜欢看合欢树，因为喜欢它美丽的花。
B. "我"对合欢树的态度变化主要是因为在"我"对母亲的无尽的思念中更多地包含的是悲痛和愧疚。其中最令"我"悲痛的是母亲当初的希望都实现了，她却不在了。
C. 我一直喜欢看合欢树，因为它是母亲栽种的。
D. 我一直不喜欢看合欢树，因为母亲去世了，它却活着。

二、阅读表达

(一)课内阅读

十岁那年，我在一次作文比赛中得了第一。母亲那时候还年轻，急着跟我说她自己，说她小时候的作文作得还要好。老师甚至不相信那么好的文章会是她写的。"我那时可能还不到十岁呢。"我听得很扫兴，故意笑："可能？什么叫可能还不到？"她就解释，我装作根本不再注意她，把她气得够呛。不过我承认她聪明，承认她是世界上长得最好看的女的。她正给自己做一条蓝地白花的裙子。

二十岁，我的两条腿残废了。为了我的腿，母亲的头上开始有了白发。尽管医院已明说我的病目前没办法治，但母亲不死心，她到处找大夫，打听偏方，花钱买来些稀奇古怪的药，让我服用，让我洗、敷、熏、灸。"别浪费时间啦！根本没用！"我说。我一心只想着写小说，仿佛那东西能把残疾人救出困境。可母亲仍不放弃，直到最后一回我的胯上被熏成烫伤，这对于瘫痪病人实在太悬了。后来母亲发现我在写小说，她跟我说："那就好好写吧。"我听出来，她对治好我的腿也终于绝望，但又抱了新的希望。"你小时候的作文不是得过第一？"她提醒我说。她到处去给我借书。顶着雨或冒了雪推我去看电影，像过去给我找大夫、打听偏方一样锲而不舍。

三十岁时，我发表了第一篇小说，母亲却已不在人世。过了几年，我的另一篇小说又侥幸获奖，母亲已经离开我整整七年。

获奖之后，登门采访的记者就多，大家都好心好意，认为我不容易。但是我只准备了一套话，说来说去就觉得心烦。我摇着车躲出去，坐在小公园安静的树林里，想：母亲为什么早早地走了呢？迷迷糊糊中，我似乎听见回答："她心里太苦了，老天爷可怜她，就召她回去了。"这让我心里得到一点安慰、睁开眼睛，风正在树林里吹过。

几年前，老街坊们就提醒过我："到小院儿去看看吧，你妈妈种的那棵合欢树今年开花了！"我听了心里一阵抖……

我没料到那棵树还活着。那年，母亲到劳动局去给我找工作，回来时在路边挖了一棵刚出土的小苗，以为是含羞草，种在花盆里长起来，竟是一棵合欢树。母亲从来喜欢那些东西，但当时心思全在别处。第二年合欢树没有发芽，母亲叹息了一回，还不舍得扔掉，依然让它长在花盆里。第三年，合欢树却又长出叶子，而且茂盛了。母亲高兴了很多天，以为那是个好兆头，常去侍弄它，不敢再大意。又过一年，她把合欢树移出盆，栽在窗前的地上。再过一年，母亲去世，我们搬离了同母亲住过的那个小院儿，悲痛弄得把那棵小树忘记了。

与其在外边瞎逛，我想，不如就去看着那棵树吧……我挺后悔前两年没有自己摇车进去看看。

我告别了老街坊，摇着车在街上慢慢走，不急着回家。人有时候只想独自静静地呆一会。悲伤也成享受。

1. 下列对原文的理解，不正确的项是（　　）。
A. "悲伤也成享受"，是说人在独自静静地怀念逝去的亲人时，即使悲伤，也会有某种温馨的感觉。
B. 母亲本来喜欢花木，"但当时心思全在别处"。这"别处"指的是为儿子治病和找工作。
C. 母亲以为合欢树第三年的复生"是个好兆头"。作者写这一点是暗示，母亲因为操心儿子的病以致有点迷信了。
D. 在质朴的老街坊眼中，生活、健康与工作显然比文章、比获奖更重要。

2. 本文一开头就写了儿子小时候与母亲的一场小冲突,你认为这样写有什么特别的作用?

3. 作者在文章中三次提到自己的年龄。你认为他在二十岁以后和三十岁以后对母爱各有怎样的体会?

(二) 课外阅读

阅读下面文章,然后回答文后问题。

生命之爱
欣　儿

看见报上的一幅图画,一口烧热的油锅中弓身着一条鳝鱼。图画的配文大意是说,下油锅的鳝鱼极力弓起身体,厨师不解,拿起鳝鱼用刀剖之,才知其腹内怀有一条小鳝鱼,它是为保护腹内的小生命,努力弓起了腹部。

听友人讲起一件他目睹的很悲惨的事。一条有黑缎般光亮皮毛的雄性狗,离开刚下狗娃的花狗准备到街对面不远处的肉食店去拾一些骨头。大约是被爱情及爱情的结晶冲昏了头脑,它从北向南穿过十字路口时,没注意到一辆微型客车正从西向东风驰电掣般开来,"哐"的一声,被车撞了个正着。车子几乎连速度都未减一下,就开跑了。车子刚刚离开,就在车子喷出的废烟中,被撞的那条黑狗一个鹞子翻身站起来,撒腿向肉食店跑去。在它被撞倒的路中间,有摊红色的血慢慢向四周流动和凝固,像一个心的形状。血中漂浮着几根黑亮的毛。

黑狗迅速地跑到小铺子,用嘴拾起一根粗大的带肉的骨头,转身又飞一样奔回它的花狗和小狗娃们的身旁,并将拾来的食物喂给了它们。这一系列行动在不过10分钟内全部完成,而且,当它把捡到的骨头转给花狗时它就无力地倒在了花狗的旁边。谁也不会想到,从路上站起来跑掉时"身手敏捷"的黑狗怎么会一瞬间死去。

友人说,黑狗将骨头转给花狗时,它听清了它们相互间那种类似安慰的猁猁的低语。与它们的声音不同,它们的眼睛都充满了那么深深的哀痛、悲伤和无助。尤其是黑狗的眼睛,似乎是含着泪光,充满对生命的留恋,它那么固执地看着自己的爱侣,看着自己的孩子,连眼睛都不转一下。那种目光,即使铁石心肠的人看了都会心颤。

我还知道,前不久冰岛政府否决了原本拟定的再次允许捕鲸的计划,原因是"找不到能使鲸迅速了结痛苦的捕鲸枪"。

在引起我们兴趣的事件日益增多日益刺激的今天,珍爱生命这件事显得书生气。然而,假如阅读黑狗含泪的眼睛,鳝鱼竭力弓起的身体,以及听到冰岛政府人道的尊重生命的决定时,心不猛然地跳动,并向生命致以你最诚恳的敬礼,那么,活着就失去了它最本质的快乐。不是吗?

我在这样一个阴郁的漫长午后，一遍一遍地回想这三个与生命相关的片段，它们就像挂在屋檐下的风干的萝卜条，让你记忆生命曾经是那么饱满、丰润和微光闪烁。而珍爱生命，就像是用泉水去浸泡萝卜干，无论是哪一种形式的浸泡，都会让人看见生命恢复原状的过程，一种世间最耐人寻味的过程，从一粒种子到开放花朵的过程。

1. 本文叙写了三个故事，请用简练的语言概括这三个故事的内容。

2. "阅读黑狗含泪的眼睛，鳝鱼竭力弓起的身体"一句中"阅读"一词是否恰当？为什么？

3. 文章结尾运用了哪些修辞手法？试分析其表达效果。本文都运用了哪些表达方式？

三、趣味实践

活动内容：诵读演唱我最棒

活动要求：将你准备的歌颂母亲或父亲的诗词歌赋朗诵或演唱给大家听，看谁表现最棒！长短不限。

◎评价反思

项目		等级	优	良	一般	加油
一	名人视野					
二	知识浸润	基础训练				
		阅读表达				
		趣味实践				
三	反思评价	自我评价				
		小组评价				
		教师评价				

第11课　南州六月荔枝丹

◎名人视野

> 小荷才露尖尖角，早有蜻蜓立上头。
> ——杨万里《小池》
>
> 积累推荐：_____
> _____

◎知识浸润

一、基础训练

1. 选出加点字注音正确的一组（　　）。

   A. 醴酪(lào)　　贮藏(zhù)　　紫绡(xiāo)　　萌蘖(niè)

   B. 红缯(céng)　祠堂(cí)　　莹白(yíng)　　宠幸(chǒng)

   C. 龟裂(guī)　　渣滓(zǐ)　　耀眼(yào)　　绚丽(xuàn)

   D. 壳面(ké)　　记载(zǎi)　　绛囊(xiáng)　　混和(hùn)

2. 选出对画横线词语解释正确的一组（　　）。

   A. 紫绡(生丝织的绸子)　　　　红缯(古代丝织品的统称)
      兼程(既走水路又走陆路)　　萌蘖(生芽，发芽)

   B. 醴酪(甜酒)　　　　　　　　日啖三百颗(品尝)
      一骑红尘(跑得飞快的马)　　阙下(宫门前两边供瞭望的楼)

   C. 密移造化出闽山(自然，天然)　果树志(文字记录)
      绛囊(深红色)　　　　　　　蒂部(瓜、果与茎、枝相连的把儿)

   D. 飞焰欲横天(横布于天边)　　宠幸(幸运)
      山顶千门次第开(第二次)　　浑圆(全，满)

3. 对本文文题的说法不正确的是（　　）。

   A. 南州，泛指粤闽一带；六月，是农历六月，这句话概括了荔枝的产地和成熟时间。

   B. 丹，是深红色，在此处是名词作动词用，意思是正在成为红色，即指荔枝逐渐成熟。

C. 用诗做文题，既鲜明又形象，富于诗意，而且与本文广泛征引古代诗文的写法相映衬，凸显了文章的文学情趣。

二、阅读表达

(一)课内阅读

荔枝不耐贮藏，正如白居易说的："一日而色变，二日而香变，三日而味变，四五日外，色香味尽去矣。"现经研究证实，温度保持在1℃到5℃，可贮藏30天左右。还应进一步设法延长贮藏期，以利于长途运输。因为荔枝不耐贮藏，古代宫廷想吃荔枝，就要派人兼程飞骑从南方远送长安或洛阳，给人民造成许多痛苦。唐明皇为了宠幸杨贵妃，就干过这样的事，唐代杜牧诗云："长安回望绣成堆，山顶千门次第开。一骑红尘妃子笑，无人知是荔枝来。"就是对这件事的嘲讽。

1. 这一段主要说明什么内容？

2. 文中所列唐代的事例说明了什么？

3. 这段主要采用了哪些说明方法？

(二)课外阅读

"信息高速公路"的概念几乎一夜之间传遍世界，没有人再怀疑人类已经进入信息时代。高速多向的全球信息传播将使人类再无隔绝孤立之虞。在这样史无前例的成就中，新的危机却悄悄萌发了。

美国思想家梭罗曾说过："我们热切地挖掘了大西洋隧道，期望新旧大陆更为密切地接近。实际上传来的最新消息不过是阿德莱亲王打了个哈欠。"危险正是在这里。对于传媒来说，葛底兹堡大战和王室打哈欠没有本质的区别，这就有可能湮没了真正有价值的信息。信息的创造是不平等的，有的有用有的无用，有的可信有的可疑，有的之所以被传播，只是因为偶然的错误。借助现代化科学手段，信息一秒钟可以到达月球，可以绕地球七圈半，等发现了错误再纠正，收到信息者可能已经关闭了收音机。未来社会的信息过剩，一如生产过剩带来经济危机一样，很可能是人类进步所付出的必然代价。信息过剩和信息的快速传播将导致信息的贬值。

美国未来学家约翰·奈斯比特又进一步指出，"大量但无用的信息不是资源而是灾难"。随着信息高速公路系统的建立，信息污染也会越来越严重。人们每天要接受许多与自己无关或互相矛盾的信息。英国科学家戴恩·谢恩克斯认为，过去十年里计算机的发展是造成这一问题的主要症结所在。因特网的全球化趋势使得任何只要拥有必要设备的人都可以将自己的信息发往世界上的任何地方，同时也可以接收大量各式各样的信息。这样做的后果是，人们在解决一个问题或者在做出一个决定之前会不由自主地求助于它，而这也使许多人疲于应付，筋疲力尽。当然，这种"不由自主"是源于担心自己跟不上信息发展的心理压力。目前，世界各地的人们已经开始注意并在努力防止这种日趋严重的危害。

1. 第二段中作者借用梭罗的话是为了说明(　　)。

   A. 信息太多，传播太快，会造成人们预想不到的危机

   B. 信息过剩会降低信息的质量，影响双方密切的接近

   C. 过剩信息的快速传播，将可能湮没真正有价值的信息

   D. 信息的快速传播，使人们无法判断某些信息之间的本质区别

2. 综观全文，对第一段中提到的"新的危机"的正确理解是(　　)。

   A. 信息过剩与经济危机　　　　B. 信息贬值与心理压力

   C. 信息传播与信息污染　　　　D. 信息贬值与信息污染

3. 根据第三段内容，对"信息污染"产生的客观原因解释错误的一项是(　　)。

   A. 过去十年计算机的飞速发展　　B. 因特网全球化趋势的逐渐形成

   C. 人们心理上对大量信息的依赖　　D. 发送与接受信息的简便快捷

三、趣味实践

活动内容：介绍水果我能行！

活动要求：仔细观察橘子、苹果、香蕉、草莓等水果，选取自己喜欢的一种，运用不少于两种说明方法，对其进行介绍，字数不限。

◎评价反思

项目		等级	优	良	一般	加油
一	名人视野					
二	知识浸润	基础训练				
		阅读表达				
		趣味实践				
三	反思评价	自我评价				
		小组评价				
		教师评价				

第 12 课　唐诗宋词四首

◎ 名人视野

> 悲观的人，先被自己打败，然后才被生活打败；
> 乐观的人，先战胜自己，然后才战胜生活。
>
> ——汪国真
>
> 积累推荐：_____
> _____

◎ 知识浸润

一、基础训练

1. 下列各组词语中加横线字的字形、注音都正确的一组是(　　)。
   A. 纶(lún)巾　　　酹(jiàng)酒　　　渚(zhě)　　　暮霭(gě)
   B. 纶(lǔn)巾　　　酹(lēi)酒　　　渚(zhù)　　　暮霭(gé)
   C. 纶(guān)巾　　酹(lèi)酒　　　渚(zhǔ)　　　暮霭(ǎi)
   D. 纶(guān)巾　　酹(lài)酒　　　渚(zhǔ)　　　暮霭(yè)

2. 下列词语中没有错别字的一组是(　　)。
   A. 临摹　度假　作客他乡　螳螂捕蝉，黄雀在后
   B. 浊酒　旋律　涣然冰释　鞠躬尽悴，死而后已
   C. 呼啸　寂寥　要言不繁　人为刀俎，我为鱼肉
   D. 协迫　邂逅　穷困潦倒　老骥伏枥，志在千里

3. 下列文学常识的表述，不正确的一项是(　　)。
   A. 词产生于唐，盛行于宋。词原为歌词，是可以合乐歌唱的诗体，属于诗的一种。词有很多别称，如"长短句""诗余""曲子词""曲词""歌词"等。
   B. 慢词是篇幅长的、节奏缓慢的词。慢，有延长引申的意思，歌声延长，就唱得迟缓了。《望海潮》《雨霖铃》都属于慢词。
   C. 词牌指填词用的曲牌名，"念奴娇""永遇乐"之类便是；它们又是词的题目，而"赤壁

怀古""京口北固亭怀古"之类只不过是副标题。一曲为一阕,阕在文字上指词的曲调。
D. 柳永原名三变,字耆卿。他精通音律,创制了大量慢词。他善于铺叙,把写景、叙事、抒情融为一体;其词大都反映大都市中的繁华风光,抒发离愁别恨的痛苦。

二、阅读表达

(一)课内阅读

1. 对《将进酒》内容解说不正确的一项是(　　)。
A. "岑夫子"姓岑,"夫子"是对人的尊称,"先生"的意思;"丹丘生"名丹丘,"生"是对年轻人的称呼。
B. "将进酒"是"请您喝酒"的意思,是李白根据诗歌的内容所命的诗题。
C. 钟鼓馔玉:钟鼓,富贵人家宴会中奏乐使用的乐器。馔玉,美好的食物。形容食物如玉一样精美。馔,吃喝。玉,像玉一般美好。泛指豪门贵族的奢华生活。
D. 置酒会友的并不是李白,"将进酒"是诗人酒酣耳热之际,兴会淋漓之时,将宾作主的狂放之态。

2. 通过哪些词语,你体会到了诗人狂放的感情?

3. 这首诗统摄全篇的主旨句是哪一句?

(二)课外阅读

读下面的甲乙二诗,完成1~3题。

甲

风急天高猿啸哀,渚清沙白鸟飞回。
无边落木萧萧下,不尽长江滚滚来。
万里悲秋常作客,百年多病独登台。
艰难苦恨繁霜鬓,潦倒新停浊酒杯。

(杜甫《登高》)

乙

昔闻洞庭水,今上岳阳楼。
吴楚东南坼,乾坤日夜浮。
亲朋无一字,老病有孤舟。
戎马关山北,凭轩涕泗流。

(杜甫《登岳阳楼》)

1. 这两首诗是杜甫漂泊南方时期所作,甲被作于四川夔州,乙被作于湖南。反映颠沛流离生活的诗句分别是:

甲_____;

乙_____。

2. 甲乙的首联皆对仗工整,但从表达方式上看还是有区别的:

甲_____;

乙_____。

3. 甲乙二诗中的意象也是有区别的,具体地说,甲中的意象是的_____;乙中的意象是_____的。

三、趣味实践

活动内容:唐诗宋词背诵接力赛,看谁接得又快又准!

活动要求:先在各小组内活动,然后各组派出精兵强将在班上比赛,评出一、二、三等奖。

◎ 评价反思

项目 \ 等级			优	良	一般	加油
一	名人视野					
二	知识浸润	基础训练				
		阅读表达				
		趣味实践				
三	反思评价	自我评价				
		小组评价				
		教师评价				

第四单元

第13课　坎特公爵的秘密教材

◎ **名人视野**

> 做了好事受到指责而仍坚持下去，这才是奋斗者的本色。
> ——[法]巴尔扎克
>
> 积累推荐：_____
> _____

◎ **知识浸润**

一、基础训练

1. 下列词语有错别字的一项是(　　)。
   A. 苛刻　　瞄准　　盛气凌人　　自我反省
   B. 遗漏　　怜悯　　若有所思　　默默付出
   C. 缺撼　　麦垛　　抑扬顿挫　　骇人听闻
   D. 颤抖　　豁达　　谆谆教诲　　终日抱怨

2. 对人物的容貌、姿态、服饰的描写称之为(　　)。
   A. 动作描写　　　B. 外貌描写　　　C. 心理描写　　　D. 语言描写

3. 下列语句属于动作描写的是(　　)。
   A. 父亲用不可抗拒的口吻说："进屋！"
   B. 借着月光，将白天落在地上的一捆麦子仔细地拾起来，悄悄地走到兹丹叔叔家，将这微不足道的一点，压在了剩下的那个麦垛上。

C. 父亲神情严肃地说:"孩子,我看见你刚才的行为,我为你骄傲。这是给你的勋章,你是我见过最棒的孩子。"

D. 坎特知道,两垛麦子是兹丹叔叔一家一冬的粮食,今年冬天只剩下一垛了。

4. 环境描写包括(　　)。

A. 内部环境和外部环境　　　　B. 自然环境和社会环境

C. 生活环境和自然环境　　　　D. 社会环境和人文环境

二、阅读表达

(一)课内阅读

坎特知道,两垛麦子是兹丹叔叔一家一冬的粮食,今年冬天只剩下一垛了。

入夜后,坎特偷偷走到农场,借着月光,将白天落在地上的一捆麦子仔细地拾起来,悄悄地走到兹丹叔叔家,将这微不足道的一点,压在了剩下的那个麦垛上。

在坎特做完这一切,走进自己家院子的时候,一个黑影站在了门口。

是父亲。

"坎特。"他冷冷地说。坎特吓得停住了脚步,嘴唇颤抖着。

父亲用不可抗拒的口吻说:"进屋!"

坎特慢慢地走进了屋子,爸爸在他身后关上了门。

屋里,炉火燃得正旺。妈妈瞪了坎特一眼,继续烤着手里的面包。父亲捏住坎特的肩膀,一把将他推进书房。

爸爸关上了房门,从书架最高的地方取下一个盒子,从里面拿出一枚青铜勋章,放在了坎特的手里。

坎特惶恐地看了看勋章,又抬头看看父亲。

父亲神情严肃地说:"孩子,我看见你刚才的行为,我为你骄傲。这是给你的勋章,你是我见过最棒的孩子。"

坎特接过勋章,借着昏暗的灯光,他看清了勋章上的字:"优秀的年轻人,再努力一点,未来你可以做得更好。"

接着,父亲又拿出一个破旧的本子,纸面已经有些发黄,他把坎特拉到身边,这是坎特第一次离平时威严的父亲这么近,他似乎能感觉到父亲身上的热气。

1. 你从"孩子,我看见你刚才的行为,我为你骄傲。这是给你的勋章,你是我见过最棒的孩子"这句话中看出父亲是怎样教育孩子的?

2. 坎特点燃了兹丹叔叔家的麦垛,为什么却得到了父亲的鼓励和勋章?

3. 你赞同这种教育孩子的方法吗？阅读选文可以看出父亲是怎样的一个人？

(二) 课外阅读

拣麦穗(节选)

当我刚刚能够提着一个篮子歪歪趔趔地跑路的时候，就跟在大姐姐们身后拣麦穗了。

对我来说，那篮子未免太大，总是磕碰着我的腿，时不时就让我跌上一跤。我也很少有拣满一个篮子的时候。我看不见田里的麦穗，却总是看见蚂蚱和蝴蝶。而当我追赶它们的时候，拣到的麦穗，还会从篮子里掉回地里去了。

有一天，二姨看着我那盛着稀稀拉拉几荚麦穗的篮子说："看看，我家大雁也会拣麦穗了。"然后她又戏谑地问我："大雁，告诉二姨，你拣麦穗做啥？"

我大言不惭地说："我要备嫁妆哩！"

二姨贼眉贼眼地笑了，还向围在我们周围的姑娘、婆姨们眨了眨她那双不大的眼睛："你要嫁谁嘛？"

是呀，我要嫁谁呢？我忽然想起那个卖灶糖的老汉。我说："我要嫁那个卖灶糖的老汉！"

她们全都放声大笑，像一群鸭子一样嘎嘎地叫着。笑啥嘛！我生气了。难道做我的男人，他有什么不体面的地方吗？

卖灶糖的老汉有多大年纪了？我不知道。他脸上的皱纹一道挨着一道，顺着眉毛弯向两个太阳穴，又顺着腮帮弯向嘴角。那些皱纹，给他的脸上增添了许多慈祥的笑意。他的头，剃得光光的，像半个葫芦。当他挑着担子赶路的时候，后脑勺上的长长的白发，便随着颤悠悠的扁担一同忽闪着。

1. 分析当时的"我"的形象。为什么"我看不见田里的麦穗，却总是看见蚂蚱和蝴蝶"？

2. "我"为何要嫁给卖灶糖的老汉？

3. 仿照文中对卖灶糖的老汉的描写，也描写一位老人。

三、趣味实践

活动内容：同桌的漫画像

活动要求：抓住特征写写自己的同桌，要求运用多种人物描写方法，字数不限。

◎ 评价反思

项目	等级		优	良	一般	加油
一	名人视野					
二	知识浸润	基础训练				
		阅读表达				
		趣味实践				
三	反思评价	自我评价				
		小组评价				
		教师评价				

第14课 生活正被纳米改变

◎名人视野

> 既异想天开,又实事求是,这是科学工作者特有的风格。
>
> ——郭沫若

积累推荐:_____

_____

◎知识浸润

一、基础训练

1. 下列词语书写完全正确的一项是( )。
   A. 砧板　辐射　摧毁　随心所欲　　B. 杀菌　洗刷　复盖　实事求是
   C. 诱人　摩擦　掺入　毋用置疑　　D. 修复　逃避　松弛　世界署目

2. 科学准确地解释说明对象的内涵,使说明更严密的说明方法是( )。
   A. 做比较　　　B. 列数字　　　C. 下定义　　　D. 打比方

3. 下列哪一项不属于说明文的说明顺序( )。
   A. 空间顺序　　B. 总分总的顺序　C. 逻辑顺序　　D. 时间顺序

4. 下列语句中没有使用说明方法的一项是( )。
   A. 纳米是长度单位,把1米分成10亿份,每1份就是一纳米。
   B. 那么,细微之处显神奇的纳米技术将怎样改变我们的生活呢?
   C. 利用纳米材料制造的许多产品都可以大大"缩小",比如已经出现的"跳蚤"机器人以及有可能很快出现的"蚊子"导弹、"麻雀"卫星、"针尖"炸弹、"苍蝇"飞机等。
   D. 科技人员将纳米大小的抗辐射物质掺入到纤维中,可制成阻隔95%以上紫外线或电磁波辐射的"纳米服装",而且不挥发、不溶水,持久保持防辐射能力。

二、阅读表达

(一)课内阅读

纳米是长度单位,把1米分成10亿份,每一份就是一纳米。人的头发一般直径为20~

50微米，而纳米只有1微米的千分之一！至于纳米科技，则是制作纳米材料的技术和应用纳米材料的技术，或者说，能控制原子、分子的技术也叫作纳米技术。

由于纳米科技的出现，使人们能够"随心所欲"地改变现有物质的特性。于是有人把纳米形象地称为"工业味精"。因为把它"撒"入许多传统材料中，老产品就会换上令人叫绝的新面貌。例如，只要在传统冰箱、洗衣机、内衣、金属等多种产品中加入纳米微粒，就可以使其具有抗菌功能。

1. 用原文语句回答，纳米技术的特征是什么？

2. 文章第二段中运用了举例子和_____的说明方法。请简要说出这种说明方法的表达作用。

3. 选文第一自然段、第二自然段运用的说明方法一样吗？请作简要分析。

(二) 课外阅读

《苏州园林》(节选)

设计者和匠师们因地制宜，自出心裁，修建成功的园林当然各个不同。可是苏州各个园林在不同之中有个共同点，似乎设计者和匠师们一致追求的是：务必使游览者无论站在哪个点上，眼前总是一幅完美的图画。为了达到这个目的，他们讲究亭台轩榭的布局，讲究假山池沼的配合，讲究花草树木的映衬，讲究近景远景的层次。总之，一切都要为构成完美的图画而存在，决不容许有欠美伤美的败笔。他们惟愿游览者得到"如在画图中"的美感，而他们的成绩实现了他们的愿望，游览者来到园里，没有一个不心里想着口头说着"如在画图中"的。

我国的建筑，从古代的宫殿到近代的一般住房，绝大部分是对称的，左边怎么样，右边也怎么样。苏州园林可绝不讲究对称，好像故意回避似的。东边有了一个亭子或者一道回廊，西边决不会来一个同样的亭子或者一道同样的回廊。这是为什么？我想，用图画来比方，对称的建筑是图案画，不是美术画，而园林是美术画，美术画要求自然之趣，是不讲究对称的。

1. 选文第一自然段的说明对象是_____，其共同特征是_____。

2. 选文第二自然段划线句子运用了什么说明方法？其作用是什么？

3. 你能运用不同的说明方法写一写你熟悉的某个建筑吗？

三、趣味实践

活动内容：科技小制作

活动要求：自制一个风筝，写出风筝的制作过程。

◎评价反思

等级 项目			优	良	一般	加油
一	名人视野					
二	知识浸润	基础训练				
		阅读表达				
		趣味实践				
三	反思评价	自我评价				
		小组评价				
		教师评价				

第15课　劝学(节选)

◎ 名人视野

> 作家应该竭力从平凡中间挖掘既有趣味，又有教育意义的东西。
> 　　　　　　　　　　　　——[俄]陀思妥耶夫斯基
>
> 积累推荐：_____
> _____

◎ 知识浸润

一、基础训练

1. 下列加点字注音正确的一项是(　　)。
   A. 木直中绳(zhòng)　　参省(cān)　　锲(qiè)　　跬步(kuǐ)
   B. 揉(róu)　　槁(bào)暴(pù)　　螯(áo)　　骐骥(jì)
   C. 虽有槁暴(yǒu)　　砺(lì)　　驽马(nǔ)　　蚯蚓(yǐn)
   D. 生非异也(shēng)　　须臾(yú)　　镂刻(lòu)　　闻者彰(zhāng)

2. 说说下列各语句主要用了什么修辞手法。
   (1)积土成山，风雨兴焉；积水成渊，蛟龙生焉；积善成德，而神明自得，圣心备焉。(　　　　)
   (2)上食埃土，下饮黄泉。(　　　　)
   (3)蚓无爪牙之利，筋骨之强，上食埃土，下饮黄泉，用心一也。蟹六跪而二螯，非蛇鳝之穴无可寄托者，用心躁也。(　　　　)

3. 下列句子中含有通假字的一项是(　　)。
   A. 声非加疾也，而闻者彰。
   B. 非能水也，而绝江河。
   C. 君子生非异也，善假于物也。
   D. 学不可以已。

4. 议论文的三要素不包括(　　)。
   A. 论点　　　B. 论述　　　C. 论证　　　D. 论据

二、阅读表达

(一) 课内阅读

君子曰：学不可以已。青，取之于蓝，而青于蓝；冰，水为之，而寒于水。木直中绳，𫐓以为轮，其曲中规。虽有槁暴，不复挺者，𫐓使之然也。故木受绳则直，金就砺则利，君子博学而日参省乎己，则知明而行无过矣。

1. 选文的中心论点是什么？

2. 给下列句子加点的字注音，并解释其意思。
君子博学而日参省乎己，则知明而行无过矣。

3. 这段选文主要运用了什么论证方法？有什么好处？

(二) 课外阅读

读书之法

朱　熹

大抵观书先须熟读，使其言皆若出于吾之口，继以精思，使其意皆若出于吾之心，然后可以有得尔。至于文义有疑，众说纷错①，则亦虚心静虑，勿遽②取舍于其间。先使一说自为一说，而随其意之所之③，以验其通塞，则其尤无义理者，不待观于他说而先自屈矣。复以众说互相诘难，而求其理之所安，以考其是非，则似是而非者，亦将夺于公论④而无以立矣。大率⑤徐行却立⑥，处静观动，如攻坚木，先其易者而后其节目⑦；如解乱绳，有所不通则姑置而徐理之。

(选自朱熹《童蒙须知》)

[注释]①纷错：纷繁错杂。②遽(jù)：仓促。③之所之：到所要去的地方，即顺着文章的思路去想。④夺于公论：被公认的见解所更改。⑤大率：大多。⑥却立：后退站立，形容小心谨慎。⑦节目：木头节子，即关键之处。

1. 用现代汉语翻译下列句子。
如解乱绳，有所不通则姑置而徐理之。
翻译：_____

2. 选文先提出_____的观点，接着分析了如何读书，最后运用两个比喻分别论证了_____和_____的读书方法。(用自己的话回答)

3. 请用不同的论证方法来驳斥"读书无用论"。

三、趣味实践

活动内容：中学生到底应该不应该上网

活动要求：仔细观察图片，自己选定角度，在班级开展一次辩论会，写出主持词和辩论提纲。

◎评价反思

项目 \ 等级		优	良	一般	加油
一	名人视野				
二	知识浸润 基础训练				
	阅读表达				
	趣味实践				
三	反思评价 自我评价				
	小组评价				
	教师评价				

第16课　写东西全都有所为

◎名人视野

> 古往今来，凡是文章写得好的人，大概都在修改上用过功夫。
> ——何其芳
>
> 积累推荐：_____
> _____

◎知识浸润

一、基础训练

1. 下列词语字形有误的一项是(　　)。
   A. 譬如　厌倦　辐射　甘败下风　　　B. 呆板　家具　偶尔　不胫而走
   C. 晦涩　含糊　脉搏　一鼓作气　　　D. 滞钝　旋律　赃款　走投无路

2. 应用文不同于其他文体的特点是(　　)。
   A. 实用性　　　　　　　　　　　　　B. 文学性
   C. 真实性　　　　　　　　　　　　　D. 时效性

3. 饭店迁址适用于下列哪一类通知(　　)。
   A. 转发性通知　　　　　　　　　　　B. 发布性通知
   C. 指示性通知　　　　　　　　　　　D. 告知性通知

4. 下列关于日记叙述有错误的一项是(　　)。
   A. 日记作为一种文体，是属于记叙文性质的应用文。
   B. 日记的内容，源于我们对生活的观察，因此，可以记事，可以写人，可以写物，但是不可以写景。
   C. 凡是自己在一天中做过的，或看到的，或听到的，或想到的，都可以是日记的内容。
   D. 日记，顾名思义就是一日一记，可以写当天发生的事，还可以写过去发生过的事，还可以写心情。

5. 下列关于启事的叙述错误的一项是(　　　)。

A. 启事的标题内容，主要是由启事的内容决定。

B. 启事的正文，要写清想要启告的事情，一般包括目的、意义、形式、要求等项目。

C. 启事和启示意义相同，所以可以通用。

D. 启事的落款，一般包括启事者的名称和时间。

二、阅读表达

(一)课内阅读

通知别人，就是把我所知道的告诉别人，让别人也知道。影响别人，就是把我所相信的告诉别人，让别人受到感染，发生信心，引起行动。无论是要通知别人还是要影响别人，只要咱们肯定写些什么总要有益于社会主义之世，就可以推知所写的必须是真话、实话，不能是假话、空话。假话、空话对别人毫无好处，怎么可以拿来通知别人呢？假话、空话对别人发生坏影响，那更糟了，怎么可以给别人坏影响呢？这样想，自然会坚决地作出判断，非写真话、实话不可。

真话、实话不仅要求心里怎样想就怎样说，怎样写。譬如不切合实际的认识，不解决问题的论断，这样那样的糊涂思想，我心里的确是这样想的，就照样说出来或者写下来，这是真话、实话吗？不是。真话、实话还要求有个客观的标准，就是准确性。无论心里怎样想，必须所想的是具有准确性的，照样说出来或者写下来才是真话、实话。不准确，怎么会"真"和"实"呢？"真"和"实"是注定跟准确连在一起的。

立场和观点正确的，一步一步推断下来像算式那样的，切合事物的实际的，足以解决问题的，诸如此类的话就是具有准确性的，就是名实相符的真话、实话。

准确性这个标准极重要。发言吐语，著书立说，都需要用这个标准来衡量。具有准确性的话才是真话、实话，才值得拿来通知别人，才可以拿来影响别人。

除了必须具有准确性而外，还要努力做到所写的东西具有鲜明性和生动性。

鲜明性的反面是晦涩、含糊。生动的反面是呆板、滞钝。要求鲜明性和生动性，就是要求不晦涩，不含糊，不呆板，不滞钝。这好像只是修辞方面的事，其实跟思想认识有关联。总因为思想认识有欠深入处，欠透彻处，表达出来才会晦涩、含糊。总因为思想认识还不能像活水那样自然流动，表达出来才会呆板、滞钝。这样说来，鲜明性、生动性跟准确性分不开。所写的东西如果具有充分的准确性，也就具有鲜明性、生动性了。具有鲜明性、生动性，可是准确性很差，那样的情形是不能想象的。在准确性之外还要提出鲜明性和生动性，为的是给充分的准确性提供保证。

1. 结合文章内容，指出写作时说"真话、实话"的重要性。

2. 根据文章内容,总结一下写作时怎样才算做到了"鲜明、生动"。

3. 读完这篇文章,你对写作有了哪些认识,请写一篇读书笔记。

(二)课外阅读

1. 下面一则招聘启事在语言运用方面有多处错误,请指出其中五处并改正。

招聘启事

中新社海外中心,系中国新闻社旗下为海外华文报纸提供新闻版面服务的专设机构。现因业务发展需要,欲接纳新闻编辑6名,敢请业界青年才俊踊跃报名。

应聘条件:

①男女不限,户籍不限,年龄在30岁以下,大龄者勿扰;

②大学本科或本科以上学历,专业不限;

③有经过两年以上新闻从业经验者优先;

④具有较好的英语编译能力。

从即日起开始报名,报名截止日期为2010年9月15日。凡符合上述条件的应聘者,请将足下简历、联系方式邮递至我中心(北京市西城区百万庄南街12号中新社海外中心100037信箱邮编100000)。

中新社海外中心
2010年9月15日

(1) _____
(2) _____
(3) _____
(4) _____
(5) _____

2. 请你代学生会文体部拟写一则通知。要写清楚通知的内容:文体部决定9月7日早上8点在操场集合,组织同学们去参观军事博物馆,要求自己带上钢笔和笔记本。

三、趣味实践

活动内容：利用信息化平台展示微作文

活动要求：

围绕本单元的训练目标，写一篇文章。可以写人记事、可以写景抒情、可以说明一个事物，可以围绕社会话题谈谈自己的看法，也可以写一则通知、启事或其他应用文，然后利用现代信息化手段，将所写内容编辑好后发布至微信、微博等相关平台与同学老师分享。

1. 微信参与，关注班级微信公众号，将所写内容发布到班级微信群。
2. 微博参与，将所写内容以私信的形式发送至老师的个人微博。

◎ 评价反思

项目		等级	优	良	一般	加油
一		名人视野				
二	知识浸润	基础训练				
		阅读表达				
		趣味实践				
三	反思评价	自我评价				
		小组评价				
		教师评价				

第五单元

第 17 课　感谢生活

◎ **名人视野**

> 要开化人的知识，感动人的思想，非演讲不可。
>
> ——秋瑾(近代民主革命志士)
>
> 积累推荐：_____
>
> _____

◎ **知识浸润**

一、基础训练

1. 下列字形完全正确的一项是(　　)。
   A. 灵光乍现　　醍醐灌顶　　豁然开朗　　变幻莫测
   B. 颁布　　　　徘洄　　　　痴迷　　　　旋梯
   C. 缠棉　　　　软铠　　　　馊主意　　　降魔杵
   D. 柳暗花明　　春梦无恨　　似水流年　　花开花谢

2. 以下歌曲不属于阎肃作品的一项是(　　)。
   A.《红梅赞》　　　　　　　　B.《敢问路在何方》
   C.《雾里看花》　　　　　　　D.《春天里》

3. 下列做法与提高演讲效果无关的一项是(　　)。
   A. 首尾呼应　重点突出　　　B. 逻辑性强　由浅入深
   C. 摇头晃脑　手舞足蹈　　　D. 关注听众　眼神交流

4. 下列不属于演讲语言特点的一项是(　　)。

A. 准确性　　　　B. 通俗性　　　　C. 简洁性　　　　D. 跳跃性

二、阅读表达

(一) 课内阅读

最后我写了一首诗："人一生，<u>人一生问一问能有几天，人一生算一算不过三天</u>；跑过去的是昨天，奔过来的是明天，正在走的是今天；请别忘记昨天，认真想想明天，好好把握今天；但愿到了明天，今天已成昨天，你依然在我身边；春梦无痕，秋叶缠绵，如歌岁月，似水流年；但愿到了明天，今天已成昨天，我依然在你心间。"

1. 请你解读一下"<u>人一生问一问能有几天，人一生算一算不过三天</u>"这句话中的"三天"的含义？

2. 请你仿照最后一段用"今天·昨天·明天"写一篇演讲稿，字数在300字左右，最好能结合自己所学专业，要求内容健康、积极向上。

3. 把你的演讲稿在小组内进行演讲，组员之间互相提提改进建议，为全班、全校演讲比赛练兵。

(二) 课外阅读

不怕人生的转弯

你的环境并不能决定你的未来，你的过程也不能决定你的未来，而是你的心的向往决定了你的未来。我小时候那么穷，可是我八岁的时候就立志将来要当一个成功的、杰出的、伟大的作家，自己每天鼓舞自己。有一天我的父亲说："十二啊，你长大以后要干什么？"我说我长大以后要当作家，写文章给人家看。他说："作家是干什么的？"我说作家就是坐下来，写一写字寄出去，人家就会寄钱来。我爸爸很生气，当场给我一巴掌："傻孩子，这个世界上哪有那么好的事情，如果有那么好的事情，我自己就先去干了，不会轮到你！"

在我居住的地方，三百年来没有出现过一个作家，一个小孩子突然想要当作家，这是很奇特的事情，没有人相信，也没有人认为可以成功。唯一了解我的就是我的母亲，我的母亲一直相信我长大会变成一个作家，所以她很关心我的写作事业。我在小的时候，经常蹲在我们拜祖先的桌子前面写作，因为我们家只有一张桌子，我的妈妈不时会进来倒水给我，然后问我："我看你整天都在写，你是在写辛酸的故事，还是在写趣味的故事？"我说辛酸的写一点，趣味的也写一点。我的妈妈就说："辛酸的少写一点，趣味的多写一点，人家要来读你的文章，是希望在你的文章里面得到启发，得到安慰，得到智慧，而不是读了你的文章以后，立刻跑到窗口跳下去，那这个文章就没有意义。"我就问她，那如果碰到辛酸的事情怎么办？我妈妈说："碰到辛酸的事情，棉被盖起来哭一哭就好了。"这个影响了我后来的写作，我写的都是非常优美的文章，所以读我的文章没有负担，而且不会让你变坏。

（林清玄《开讲啦》演讲稿节选）

1. 在《懒人听书》节目中收听林清玄的演讲，尤其是反复收听以上两段，思考作者认为决定你的未来的是什么？

2. 文中讲到林清玄说他写的文章都非常优美是受谁的影响？他的母亲是如何教导他的？

3. 文中画线句子是林母教子如何应对生活中心酸事情的，这对你有何启发？与同学分享一下你是如何处理生活中的不愉快的？

三、趣味实践

活动内容：即兴演讲

活动要求：仔细观察图片《放弃等于失败》，结合自己所学专业或未来的岗位，组织一次即兴演讲，每人发言时间5分钟左右。

◎评价反思

项目 \ 等级			优	良	一般	加油
一	名人视野					
二	知识浸润	基础训练				
		阅读表达				
		趣味实践				
三	反思评价	自我评价				
		小组评价				
		教师评价				

第18课　警察与赞美诗

◎名人视野

> 书籍是全世界的营养品，生活里没有书籍，就好像大地没有阳光，智慧里没有书籍，就好像鸟儿没有翅膀。
>
> ——[英]莎士比亚
>
> 积累推荐：_____
> _____

◎知识浸润

一、基础训练

1. 下列字读音完全正确的一项是（　　）。

A. 干酪(lào)　　　雪茄(jiā)　　　肇(zhào)事　　　气氛(fèn)

B. 怏怏(yàng yàng)不乐　　醍醐(tí)(hú)灌顶　　烜(xuǎn)赫一时

C. 嘈(cáo)杂　　　啁啾(zhōu)(jiū)　　一刹(shā)那　　掸(dǎn)去

D. 膝头(qī)　　　游弋(yì)　　　棕榈(lú)　　　脚踝(huái)

2. 以下小说不属于欧·亨利作品的一项是（　　）。

A.《麦琪的礼物》　　　　　　B.《最后一片藤叶》

C.《警察与赞美诗》　　　　　D.《项链》

3. 对下面三句话中修辞手法判断正确的一项是（　　）。

苏比站定了不动，两手插在口袋里，对着铜纽扣直笑。

他一节一节地撑了起来，像木匠在打开一把折尺，然后又掸去衣服上的尘土。

他无缘结识钱大爷，钱大爷也与他素昧平生。

A. 借代　比喻　拟人　　　　B. 借代　夸张　拟人

C. 借代　比喻　反语

二、阅读表达

(一) 课内阅读

可是,在一个异常幽静的地段,苏比停住了脚步。这里有一座古老的教堂,建筑古雅,不很规整,是有山墙的那种房子。柔和的灯光透过淡紫色花玻璃窗子映射出来,风琴师为了练熟星期天的赞美诗,在键盘上按过来按过去。动人的乐音飘进苏比的耳朵,吸引了他,把他胶着在螺旋形的铁栏杆上。

明月悬在中天,光辉、静穆;车辆与行人都很稀少;檐下的冻雀睡梦中唧啾了几声——这境界一时之间使人想起乡村教堂边上的墓地。风琴师奏出的赞美诗使铁栏杆前的苏比入定了,因为当他在生活中有母爱、玫瑰、雄心、朋友以及洁白无瑕的思想与衣领时,赞美诗对他来说是很熟悉的。

……

<u>管风琴庄严而甜美的音调使他内心起了一场革命</u>。明天他要到熙熙攘攘的商业区去找事做。有个皮货进口商曾经让他去赶车。他明天就去找那商人,把这差使接下来。他要做个炬赫一时的人。他要——

苏比觉得有一只手按在他胳膊上。他霍地扭过头,只见是警察的一张胖脸。

"你在这儿干什么?"那警察问。

"没干什么。"苏比回答。

"那你跟我来。"警察说。

第二天早上,警察局法庭上的推事宣判道:"布莱克威尔岛,三个月。"

1. 这部分文字前两段描绘了哪些景物?这些景物描写有何作用?

2. "管风琴庄严而甜美的音调使他内心起了一场革命"这句话的含义是什么?

3. 当苏比决心重新做人时,作者却安排苏比被警察局宣判入狱。这样的结尾有何作用?

4. 从苏比的经历中,你想到了什么?

(二) 课外阅读

最后一片藤叶(节选)

第二天，医生对苏艾说："她已经脱离危险，你成功了。现在只剩下营养和护理了。"

下午苏艾跑到琼珊的床前，琼珊正躺着，安详地编织着一条毫无用处的深蓝色毛线披肩。苏艾用一只胳臂连枕头带人一把抱住了她。

"我有件事要告诉你，小家伙，"她说，"贝尔曼先生今天在医院里患肺炎去世了。他只病了两天。头一天早晨，门房发现他在楼下自己那间房里痛得动弹不了。他的鞋子和衣服全都湿透了，冰凉冰凉的。他们搞不清楚在那个凄风苦雨的夜晚，他究竟到哪里去了。后来他们发现了一盏没有熄灭的灯笼，一把挪动过地方的梯子，几支扔得满地的画笔，还有一块调色板，上面涂抹着绿色和黄色的颜料，还有，亲爱的，瞧瞧窗子外面，瞧瞧墙上那最后一片藤叶。难道你没有想过，为什么风刮得那样厉害，它却从来不摇一摇、动一动呢？唉，亲爱的，这片叶子才是贝尔曼的杰作。就是在最后一片叶子掉下来的晚上，他把它画在那里的。"

1. 仔细阅读全文，琼姗脱离危险的原因是什么？

2. 仔细阅读全文，这最后一片叶子是贝尔曼的杰作吗？为什么？

3. 作者没有写贝尔曼画常春藤叶的过程，请你发挥想象将这个过程写出来，字数在200字左右。

三、趣味实践

活动内容：编写小小说

活动要求：仔细观察图片《丽达小姐变形记》，结合现实中有些年轻人不孝顺父母的现象，编写一篇小小说，300~500字。

◎评价反思

等级　　项目			优	良	一般	加油
一	名人视野					
二	知识浸润	基础训练				
		阅读表达				
		趣味实践				
三	反思评价	自我评价				
		小组评价				
		教师评价				

第 19 课　哈佛商学院流行的四则故事

◎名人视野

> 人生如同故事。重要的并不在有多长,而是在有多好。
> ——[古罗马]塞涅卡
>
> 积累推荐:_____
> _____

◎知识浸润

一、基础训练

1. 下列词语中字形完全正确的一项是(　　)。
   A. 和蔼可亲　　愚钝无比　　履行职责
   B. 揣着粗气　　大声呵斥　　撬动石头
   C. 越越欲试　　颓然坐下　　恍然大悟
   D. 蹄办典礼　　大相径庭　　阐述观点

2. 下面四句话中与课文故事寓意不符合的一项是(　　)。
   A. 其实,每个人都有与生俱来的美好特质与潜能。
   B. 使命感是让人生辉煌的必备素养。
   C. 完美的互援与合作永远不能被忽视。
   D. 科技越发达的社会、物质越丰富的生活,复杂就越显出它的珍贵。

二、阅读表达

(一)课内阅读

孩子大喘着气,颓然坐下。

父亲和蔼地走到他身边,问道:"你确定你真的用尽全力了吗?"孩子说当然用尽了。

这时父亲温柔地拉起孩子的小手说:"不,儿子,你还没有用尽全力。我就在你旁边,可你没有向我求援。"

感悟：时代发展到今天，要想成功，最快速的办法就是寻求成功者的帮助，并与对方齐心合力共同完成。完美的互援与合作永远不能被忽视。

1. 上面父子对话中，孩子说用尽全力了父亲说没有尽全力，对此你如何理解？

2. 此故事感悟中说"完美的互援与合作永远不能被忽视"，请结合个人经历讲一个与团队合作有关的故事，要求主题健康、积极向上。

(二) 课外阅读

巧对美记者提问——周恩来的外交故事

谈到周恩来总理的外交技巧，有好几个小故事：

解放初期，在一次记者招待会上。有一位不怀好意的外国记者问周总理：中国现在还有没有娼妓？面对这个挑衅性的提问，周总理沉稳地说："有，在台湾。"仅仅四个字的回答，既客观又现实，令当时中外记者佩服得五体投地。

还有一次，一个美国记者在采访周总理时在他的办公桌上发现了一支美国产的派克笔，于是便用讽刺的口吻说："请问总理阁下，你作为一个大国总理，为什么还要用我们美国生产的钢笔？"周总理风趣地说："谈起这支笔，话就长了，这是一位朝鲜朋友的战利品，是他作为礼物送给我的，我觉得这礼物也的确很有意义，就收下了。"这位美国记者讨了个没趣，满脸通红，无言以对。

还曾有一位美国记者问周总理："为什么你们中国人把脚下走的路叫马路？"周总理机智地回答说："因为我们走的是马克思主义的路——马路。"这个美国记者接着问道："我们美国人走路都是仰着头，为什么你们中国人走路都是低着头？"周总理微微一笑回答说："有什么奇怪的呢？走下坡路的人总是爱仰起头来，走上坡路的人自然是低下头啦。"

1. 谈谈美国记者几次提问中所包含的话外之意。

2. 说说周总理回答中的智慧和高超技巧。

3. 与同学分享一下，你还积累了哪些关于周总理的故事？

三、趣味实践

活动内容：讲趣味故事

活动要求：观察分析图片《狐狸只会讲关于偷鸡的故事》，并展开联想，编个小故事讽刺一下现在有些年轻人，心中只有网游必将一事无成的现象。讲给同学们听听，300～500字。

◎评价反思

项目		等级	优	良	一般	加油
一	名人视野					
二	知识浸润	基础训练				
		阅读表达				
		趣味实践				
三	反思评价	自我评价				
		小组评价				
		教师评价				

第 20 课　春江花月夜

◎ 名人视野

> 在这种诗面前，一切的赞叹是饶舌，几乎是亵渎……这是诗中的诗，顶峰上的顶峰。
> 　　　　　　　　——闻一多(诗人、爱国民主战士)
>
> 积累推荐：_____
> _____

◎ 知识浸润

一、基础训练

1. 下列词语中加点字读音完全正确的一项是(　　　)。
   A. 捣衣砧(zhēn)　　碣(jié)石　　芳甸(diàn)　　滟滟(yànyàn)
   B. 霰(sàn)　　皎皎(jiǎo jiǎo)　　纤尘(xiān)　　青枫浦(pǔ)
   C. 不胜愁(shēng)　　复西斜(xié)　　潇湘(xiāo xiāng)
   D. 徘徊(pái huái)　　妆镜台(zhuāng)　　江畔(bàn)　　宛转(wǎn)

2. 下列对诗中加点词语解释不正确的一项是(　　　)。
   A. 滟滟(波光荡漾的样子)随波千万里　　江流宛转绕芳甸(芳草丰茂的原野)
   B. 江天一色无纤尘(微细的灰尘)　　人生代代无穷已(指贫穷)
   C. 但见长江送流水(只见)　　白云一片去悠悠(渺茫深远)
   D. 此时相望不相闻(互通音信)　　碣石潇湘无限路(极言离人相距之远)

3. 下列诗人及其诗词不属于唐朝的一项是(　　　)。
   A. 杜甫《春望》　　B. 王维《使至塞上》
   C. 苏轼《水调歌头》　　D. 李商隐《无题》

二、阅读表达

(一)课内阅读

　　春江潮水连海平，海上明月共潮生。

滟滟随波千万里,何处春江无月明!
江流宛转绕芳甸,月照花林皆似霰。
空里流霜不觉飞,汀上白沙看不见。
江天一色无纤尘,皎皎空中孤月轮。
江畔何人初见月?江月何年初照人?
人生代代无穷已,江月年年只相似。
不知江月待何人,但见长江送流水。
白云一片去悠悠,青枫浦上不胜愁。
谁家今夜扁舟子?何处相思明月楼?
可怜楼上月徘徊,应照离人妆镜台。
玉户帘中卷不去,捣衣砧上拂还来。
此时相望不相闻,愿逐月华流照君。
鸿雁长飞光不度,鱼龙潜跃水成文。
昨夜闲潭梦落花,可怜春半不还家。
江水流春去欲尽,江潭落月复西斜。
斜月沉沉藏海雾,碣石潇湘无限路。
不知乘月几人归,落月摇情满江树。

你认为诗中下面这几组句子写得好在哪里?根据自己的生活经验加上联想和想象进行解读,从景美、理美和情美三方面去谈谈自己的理解。

1. 江畔何人初见月?江月何年初照人?

2. 人生代代无穷已,江月年年只相似。不知江月待何人,但见长江送流水。

3. 不知乘月几人归,落月摇情满江树。

(二)课外阅读

暮江吟

白居易

一道<u>残阳</u>铺水中,半江<u>瑟瑟</u>半江红。
<u>可怜</u>九月初三夜,露似<u>真珠</u>月似弓。

1. 解释诗中画线的词语。
(1)残阳: (2)瑟瑟:

（3）可怜： （4）真珠：

2. 用你的语言来描绘一下白居易所写《暮江吟》的画面，要求150字左右。

3.《暮江吟》与《春江花月夜》都与月夜江水有关，你更喜欢这两首诗中的哪一首所体现的美景与意境？请谈谈理由。

三、趣味实践

活动内容：辩论赛

活动要求：仔细观察图片《也许你可以戴假发但是地球不能》，联系现在森林被毁、气候反常、环境恶化等现实问题，以"要金山银山还是绿水青山"为题组织一次班级辩论赛。

◎评价反思

项目		等级	优	良	一般	加油
一	名人视野					
二	知识浸润	基础训练				
		阅读表达				
		趣味实践				
三	反思评价	自我评价				
		小组评价				
		教师评价				

综合练习题(一)

(完成时间为 120 分钟，分数 100 分)

一、基础训练(本大题共 12 小题，每小题 2 分，共 24 分)

1. 下列各组词语中加横线字的注音全部正确的一项是(　　)。
   A. 慰藉(jí)　　　抽噎(yē)　　　面面相觑(qū)　　　残羹冷炙(zhì)
   B. 饿殍(piǎo)　　逶迤(yí)　　　锱(zhī)铢必较　　　古碑拓(tuò)片
   C. 宁谧(mì)　　　殷(yān)红　　　毛骨悚(sǒng)然　　未雨绸缪(móu)
   D. 笑靥(yān)　　　遒(qiú)劲　　　游目骋(chěng)怀　　棋高一着(zhāo)

2. 下列词语中没有错别字的一组是(　　)。
   A. 咬文嚼字　　豁然贯通　　名附其实　　冠冕堂惶
   B. 赏心悦目　　欢度春节　　藕断丝连　　自惭形秽
   C. 礼尚往来　　星光璀粲　　焕然不同　　踌躇满志
   D. 本未倒置　　脱颖而出　　别出新裁　　盘根错节

3. 下列各句，画线的成语使用恰当的一项是(　　)。
   A. 有的商品广告，<u>言过其实</u>，误导消费者。
   B. 学校准备举行运动会，大家兴致勃勃，体育委员更是<u>推波助澜</u>，积极组织班级同学参加报名。
   C. 犯了错误首先应该检查自己，<u>无动于衷</u>或因此居功自傲，都是不对的。
   D. 他的文章题材新颖，内容生动，有不少观点是<u>一孔之见</u>。

4. 下列各项中，括号中礼貌用语使用正确的一项是(　　)。
   A. 你的(涂鸦之作)让我耳目一新。
   B. 我送给你一张(玉照)作为毕业礼物把。
   C. 这是我的绘画作品，请你(惠存)。
   D. 你的(家父)参加家长会没有？

5. 下列句子没有语病的是(　　)。
   A. 职高(1)班的语文成绩是全校最好的一个班级。
   B. 各地纷纷采取追踪病源、隔离观察等措施，防止甲型 H1N1 流感不再扩散。
   C. 由于运用了科学的复习方法，他的学习效率有了很大提高。
   D. 2022 年是中国举办第一次冬奥会。

6. 下列作者、身份、作品对应不正确的一项是( )。

A. 叶文玲—中国当代小说家—《洛阳诗韵》

B. 杨利伟—中国航天员—《与责任对话》

C. 史铁生—中国当代作家—《合欢树》

D. 白岩松—中国小说家—《人格是最高学位》

7. 下面四句话中，标点符号使用正确的一句是( )。

A. 认真学习是学好的前提条件，你说呢？

B. 为了救助灾区，人们纷纷送去了棉被、毛衣、食物、药品、与大量建材。

C. 必须抓紧粮食、棉花、油料、化肥等……的生产。

D. 春天，他们播种。秋天，他们收获。

8. 依次填入下列句子横线处的关联词，最恰当的一项是( )。

世界文学的辉煌殿堂对每一位有志者都敞开着，谁也不必对它收藏之丰富望洋兴叹，_____问题不在于数量。有的人一生中只读过十来本书，_____仍然不失为真正的读书人。还有人见书便生吞下去，对什么都能说上几句，_____一切努力全都白费。_____教养得有一个可教养的客体做前提，那就是个性或人格。

A. 所以　然而　但是　因为　　　B. 然而　却　因此　所以

C. 因为　却　然而　因为　　　　D. 因为　而且　然而　所以

9. 下面一段自我介绍节选使用的修辞手法是( )。

对待学习，我有如火一般的热情；对待工作，我有如风一样的激情；对待生活，我有如水一样的柔情。

A. 比喻、拟人　　B. 排比、对偶　　C. 比喻、排比　　D. 对偶、拟人

10. 下列选项中哪一个是属于最好的聆听( )。

A. 听而不闻　　B. 设身处地地聆听　C. 消极的聆听　D. 选择性聆听

11. 下列句子语言得体的一句是( )。

A. 多年不见的老乡捎来了家乡的土特产，我推辞不了，最后只好笑纳了。

B. 这种陈词滥调的报告恐怕是没有人愿意洗耳恭听的。

C. 我因临时有急事要办，不能光临贵校座谈会，深表歉意。

D. 尽管只是绵薄之力，但他费了很大的劲，我们应该感谢。

12. 俗话说"良言一句三冬暖，恶语伤人六月寒"，以下对其理解错误的一项是( )。

A. 冬天要说好话，夏天可以说坏话

B. 好话暖人心，坏话伤人心。

C. 善意的话语让人听了即使在寒冷的冬天都会心生暖意，而怀有恶意的话语让人听了即使在酷热的夏天都会心生寒意。

D. 要根据场合判断"好话"与"坏话"，与人相处时要随机应变，灵活应对。

二、阅读理解(16分,现代文8分,古文8分)

(一)现代文阅读,完成1~4题。(共8分)

母亲的西湖
孙道荣

街上的梧桐像病了似的,叶子挂着层灰土在枝上打着卷,枝条一动也懒得动。马路上一个水滴也没有,干巴巴地反着白光。

又堵车了。从他家到火车站,有一条近路,但经常堵车,为了避开,今天他特意绕了个大圈,没想到半路上还是堵住了。他 ① 地嘟囔着。

坐在后排的母亲安慰他,莫急,赶不上就坐明天的火车回去,一样的。

母亲要坐火车回老家去。

忙不过来的时候,他会将老家的母亲,接到杭州来,帮帮他。这些年,每年母亲都要来杭州一两次。

母亲一来,他和妻子就轻松多了,儿子有人管了,饭有人做了,家有人照顾了。他和妻子,就都可以腾出手,安心忙各自的工作。

每次母亲来,住上一两个月,等孩子又开学了,他们手头的工作也暂告一段落了,就又到了母亲该回老家的时候了。他知道母亲其实住不惯这里,所以,每次母亲提出要回老家去,他也不阻拦。

有几次,他要开车送母亲回去,都被母亲拒绝了,她 ② 自己坐火车回去。他知道,母亲是怕影响他工作,再说,开车的费用太贵了,母亲舍不得。

母亲就像候鸟一样,匆匆飞过来,又飞回去。

母亲突然指着车窗外说,大楼后面好像有个湖,那……那是西湖吗?

他扭头看了看,目光穿过大楼,看见一块白白的水面。其实不用看,他也知道,那就是西湖。来杭州工作已经十几年了,他无数次去过西湖,熟悉得就跟小时候家门口的那块池塘一样。当然,没有一次是自己单独或一家人去逛的,全是陪外地来的客户和朋友。他想,反正自己已经在杭州了,有的是机会,随时可以去西湖边逛逛。

母亲轻声说,能开车转过去吗?我想看一眼西湖,到湖边看一眼,就可以了。

他回头望着母亲, ③ 着问,妈,你没看过西湖?顿了顿,又嘟囔了一句,我没带你来过西湖吗?

母亲摇摇头。

这怎么可能?他不相信地晃了晃脑袋。母亲来过杭州少说也有二十多次了,自己怎么可能一次也没带她老人家来西湖边走走看看?他真的记不清了。

他将方向朝右一打,往西湖边驶去。

从南山路,到杨公堤,再到北山路,他沿着西湖,绕了一个大圈。他在心里想,今天先开车带母亲绕西湖一周,下次再陪母亲,一个景点,一个景点慢慢去看。

一路上,母亲不说话,一直侧着头,盯着窗外。窗外,是西湖,风景如画的西湖。

最后，车子进入西湖大道，往火车站方向驶去。车窗外，看不到西湖了。

这次回去，我终于可以跟你王大妈她们讲讲真的西湖了。母亲激动地说，每次从你这儿回去，王大妈她们都会上家里来，让我讲讲西湖，她们都没来过杭州，没看过西湖呢。我就跟她们讲啊，西湖很大，很漂亮的，有好多船，湖边永远有好多人，从全国各地来的。母亲忽然压低了声音，其实那都是我在电视上偶尔看到的。她们一遍遍听我讲，都夸我有好福气，儿子在杭州工作，在西湖边，那是天堂呢……这次回去，我终于可以讲得具体点了。

他的鼻子忽然一阵阵发酸。母亲来杭州这么多次，没有一次是来游玩的，不是来享福，而总是来帮他们一把的。而自己，甚至还一次都没有带母亲来西湖边逛逛。

他抬腕看了看时间，赶上那趟火车时间绰绰有余，不过，他已经打算好了，等到了火车站，他再谎告母亲，火车票买不到了，让她等几天再回去。他想好了，明天，对，就是明天，他和妻子、儿子一起，陪老母亲来西湖边逛一逛，散散步，坐坐游船，在湖心岛吃一碗西湖藕粉，再来一盘西湖醋鱼……他要让母亲　④　地游历一次西湖。

1. 选出依次填入空白处最恰当的一项（　　）。
A. ①不满　②固执　③奇怪　④开心
B. ①愤懑　②执意　③犹疑　④真正
C. ①愤懑　②执意　③犹豫　④真正
D. ①不满　②固执　③怀疑　④开心

2. 关于第一自然段环境描写的作用，分析不正确的一项是（　　）。
A. 表现天气的闷热
B. 烘托人物烦闷的心情
C. 引起下文，推动情节的发展
D. 揭示作品的时代背景

3. 关于"母亲"和"儿子"的说谎，分析最准确的一项是（　　）。
A. 这是母亲对儿子的体谅和疼爱，儿子却不理解母亲的行为。
B. 母亲说谎是虚荣心作祟，儿子说谎是为了掩饰自己的过错。
C. 母亲说谎是对儿子的体谅和疼爱；儿子说谎是为了陪母亲逛西湖，弥补遗憾。
D. 母子感情淡漠，不敢说出自己的心里话。

4. 小说题目"母亲的西湖"有什么含义？请选出分析不正确的一项（　　）。
A. 指母亲自己想象中的西湖。
B. 指母亲每次回家都会给邻里讲的"虚构的西湖"。
C. 指母亲在电视上看到的"很大，很漂亮，有好多船"的西湖。
D. 指儿子带母亲游玩过的真正的杭州西湖。

(二) 古文阅读（共8分，前3小题每空0.5分，第4题2.5分）

积土成山，风雨兴焉；积水成渊，蛟龙生焉；积善成德，而神明自得，圣心备焉。故不积跬步，无以至千里；不积小流，无以成江海。骐骥一跃，不能十步；驽马十驾，功在不舍。锲而舍之，朽木不折；锲而不舍，金石可镂。蚓无爪牙之利，筋骨之强，上食埃土，下饮黄泉，用心一也。蟹六跪而二螯，非蛇鳝之穴无可寄托者，用心躁也。

1. 选段选自课文《　　》，作者原名叫　　　　。

2. 解释选段中画线的的词语。

(1)跬_____ (2)骐骥_____ (3)锲_____ (4)镂_____

3. 选段中运用了大量的比喻来说明道理。"积土成山""积水成渊"从正面说明了_____；"不积跬步""不积小流"从反面说明了_____；"骐骥""驽马"比喻说明的是_____；"锲而舍之""锲而不舍"对比说明了_____；

用蚯蚓的"用心一"和螃蟹的"用心躁"正反对比，说明了_____。

4. 请你谈谈这段话对你今后的学习工作有何启示？(2.5分)

三、语文实践活动(共20分，交流沟通8分，综合实践12分)

(一)交流沟通(8分)

有两个猎人上山打猎，他们俩每人打到一只兔子。猎人甲回家后，他的妻子看到他打了一只兔子回来，就冷冷地说："怎么只打到一只兔子啊？"猎人甲很不高兴地说："你自己去打打看。"相反的，猎人乙一回到家，他的妻子一看到他打了一只兔子回家，就兴高采烈地说："_____。"猎人乙很高兴地说："一只算什么，下次我还要打两只回来呢!"

1. 请你用三种方式代猎人乙的妻子说出一句让猎人乙高兴的话。(3分)

2. 猎人甲妻子沟通有什么问题？(2分)

3. 说说这个故事给了你什么启示？(3分)

(二)综合实践(12分)

你所在的班级拟举办"我爱我的专业"交流会。请你积极参加，并完成以下任务。

1. 写出本次活动的目的。(3分)

2. 请为本次活动拟写一个宣传口号。(3分)

3. 请为你们学习小组推举的发言代表写一则推荐词。(3分)

4. 你认为本次活动应包括哪些主要环节？(3分)

四、写作训练(40分，应用文5分，大作文35分)

(一)撰写一则比赛通知(5分)

你所在的班级将要组织一次古诗词朗诵比赛，请你撰写一则比赛通知，并将比赛的相关事项及要求等写清楚。要求200字左右，语言简洁明了。

(二)写一篇作文(35分)

网络时代，信息正以势不可挡的力量进入我们的生活，成为我们生活的一部分。占据了我们的空余时间，甚至是主要时间。你是怎样认识信息对生活的影响呢？请以"信息"为话题完成一篇作文。

要求：

1. 题目自定。
2. 主题鲜明积极，感情真挚，内容充实，从小处着笔。
3. 文体不限，诗歌除外。
4. 字迹清晰，不少于600字。

综合练习题(二)

(完成时间为120分钟,分数100分)

一、基础训练(本大题共12小题,每小题2分,共24分)

1. 下列词语中画线的字,读音有错误的一组是(　　)。
   A. 簇拥(cù)　　岑寂(qín)　　自惭形秽(huì)
   B. 怅然(chàng)　国粹(cuì)　　锲而不舍(qiè)
   C. 弥笃(mí)　　邈远(miǎo)　　残羹冷炙(zhì)
   D. 裨益(bì)　　疲惫(bèi)　　毛骨悚然(sǒng)

2. 在下列词语中没有错别字的一项是(　　)。
   A. 文彩藻饰　　废寝忘时　　纵观统筹　　璧立千仞
   B. 孜孜不倦　　黔驴技穷　　一诺千金　　素昧平生
   C. 独到见解　　咬文爵字　　豁然贯通　　鸿图大略
   D. 仔细揣磨　　明辩是非　　高谈阔论　　消声匿迹

3. 下列加点的字词释义全都正确的一组是(　　)。
   A. 相濡以沫(口水)　　再接再厉(磨)　　拾级而上(轻步而上)
   B. 繁文缛节(琐碎)　　破釜沉舟(锅)　　好高骛远(追求、致力)
   C. 以汤沃雪(开水)　　颔首赞许(点头)　　唯辟作福(开创)
   D. 海市蜃楼(大蛤蜊)　颇有微词(轻微的)　怙(坚持)恶不悛

4. 下列各组关联词,依次填入文中横线处,最恰当的一项是(　　)。

   一些精明能干的州县官一收到诉状就在原告面前挥毫立就写出批词或与幕友讨论后亲自写批,_____闻名遐迩。有些州县官_____并不亲自写批词,但喜欢与幕友们讨论案子并发表自己的见解。_____,大多数州县官并不熟悉法律,也无能力写批词;_____只得求幕友作为代批。

   A. 所以　尽管　因为　所以
   B. 因而　尽管　虽然　所以
   C. 因而　虽然　然而　因而
   D. 所以　虽然　因为　因此

5. 下列各句中的标点符号,使用正确的是(　　)。
   A. 它收敛了它的花纹、图案,隐藏了它的粉墨、彩色,逸出了繁华的花丛。
   B. 我问他为什么直到今天才说出事情的真相?他支支吾吾地,没有正面回答我。
   C. 卡森在论战中具有两个决定性的力量,尊重事实和非凡的个人勇气。她反复地推敲过《寂静的春天》中的每一段话。

D. 有一种生物比蝴蝶还聪明，这种生物的特技之一是装假作伪，因此蝴蝶的装假作伪这种行径是瞒不过它种生物——人的。

6. 对下列各项运用的表达方式，判断错误的是（   ）。

A. 我渐渐明白，世间最可恶的事莫如一张生气的脸；世间最下流的事莫如把生气的脸摆给别人看，这比打骂还难受。（议论）

B. 小屋后面有一棵高过屋顶的大树，细而密的枝叶伸展在小屋的上面，美而浓的树荫把小屋笼罩起来。（描写）

C. 化装舞会是豪华而高贵的，不仅迎合那些一直统治着巴黎的冒险家的癖好，而且吸引着德国的上层人物。（抒情）

D. 蝉的隧道大都深达四十厘米左右，圆柱形，根据土质而略有弯曲，但总近于垂直，上下畅通无阻，底端却是完全封闭的，形成了略微宽敞的地穴。（说明）

7. 下列作品、文体、作者对应不正确的是（   ）。

A.《南州六月荔枝丹》   说明文   贾祖璋

B.《感谢生命》   演讲词   阎肃

C.《春江花月夜》   古诗   张若虚

D.《警察与赞美诗》   短篇小说   莫泊桑

8. 下列哪个句子和例句表达的意思不一致（   ）。

例：敢于这样做的人，难道不是一个英雄吗？

A. 敢于这样做的人，能说不是一个英雄吗？

B. 敢于这样做的人，怎能说不是一个英雄呢？

C. 敢于这样做的人，怎能说是一个英雄呢？

D. 敢于这样做的人，不能说不是一个英雄。

9. 下列选项中无助于提高交谈效果的一项是（   ）。

A. 注意礼貌用语避忌讳　　　　　B. 调整自己的态度努力迎合对方

C. 把说话的机会留给对方　　　　D. 鼓励多于责难

10. 下列内容中不能提升说服效果的一项是（   ）。

A. 说服就要抱着说服对方的目的不达目的不罢休。

B. 了解说服对象的人格魅力及性格特征。

C. 注意说服的内容。

D. 注意说服的表达方式。

11. 关于诵读的表达技巧说法有误的一项是（   ）。

A. 顿连指的是诵读语流之中的停顿与连接。

B. 重音就是根据语句目的、思想感情需要而给予强调的词或短语。

C. 语速节奏是由个人感情好恶决定的。

D. 语速节奏是口头语言的快慢变化，它也是使语言富有表现力的一种重要手段。

12. 下列选项不属于导致语言沟通失败的原因的一项是(　　)。

A. 没有完全理解对方的话,以致询问不当。

B. 遵循语言沟通的基本原则。

C. 当我们在沟通的过程中,没有优先顺序,没有说明这件事情的重要性。

D. 主动语言沟通意识不强。

二、阅读理解(16分,现代文8分,古文8分)

(一)现代文阅读(8分)

文学是灯(节选)

铁　凝

①我想一座城市如香槟泡沫般璀璨的灯火里,一定有一盏应该属于文学。文学是灯,或许它的光亮并不耀眼,但即使灯光如豆,若能照亮人心,照亮思想的表情,它就永远具备着打不倒的价值。而人心的诸多幽暗之处,是需要文学去点亮的。②自上世纪七十年代初期开始,在阅读中国和外国文学名著并不能公开的背景下,我以各种可能的方式陆续读到托尔斯泰、陀思妥耶夫斯基、普希金、普宁、契诃夫、福楼拜、雨果、歌德、莎士比亚、狄更斯、奥斯汀、梅里美、司汤达、卡夫卡、萨特、伯尔、海明威、厄普代克、川端康成等品貌各异的著作。虽然那时我从未去过他们的国度,但我必须说,他们用文学的光亮烛照着我的心,也照耀出我生活中那么多丰富而微妙的颜色——有光才有颜色。而中国唐代诗人李白、李贺的那些诗篇,他们的意境、情怀更是长久地浸润着我的情感。③从古至今,人世间一切好的文学之所以一直被需要着,原因之一是它们有本领传达出一个民族最有活力的呼吸,有能力表现出一个时代最本质的情绪,它们能够代表一个民族在自己的时代所能达到的最高的想象力。

1. 选文中画线句子的含义是什么?(2分)

2. 选文中列举了大量的外国作家,请选出其中熟悉的两位作家比如莎士比亚等,并写出他们各自的一部作品。(2分)

3. 所选文字由①②③三个层次构成,请概括各层的大意。(2分)

4. 联系全文,说出"文学是灯"在结构上的作用,并作简要阐述。(2分)

(二)古文阅读(8分)

邹忌修八尺有余,而形貌昳丽。朝服衣冠,窥镜,谓其妻曰:"我孰与城北徐公美?"其妻曰:"君美甚,徐公何能及君也。"城北徐公,齐国之美丽者也。忌不自信,而复问其妾曰:"吾孰与徐公美?"妾曰:"徐公何能及君也?"旦日,客从外来,与坐谈。问之曰:"吾与徐公孰美?"客曰:"徐公不若君之美也。"明日,徐公来,熟视之,自以为不如。窥镜而自视,又弗如远甚。暮寝而思之曰:"吾妻之美我者,私我也;妾之美我者,畏我也;客之美我者,欲有求于我也。"

于是入朝见威王。曰:"臣诚知不如徐公美。臣之妻私臣,臣之妾畏臣,臣之客欲有求于臣,皆以美于徐公。今齐地方千里,百二十城。宫妇左右莫不私王,朝廷之臣莫不畏王,四境之内莫不有求于王。由此观之,王之蔽甚矣。"

阅读上面课文,完成下面思考题(每小题2分)

1. 朗读下面的文言句子,语气停顿有误的一项是( )。(2分)

   A. 臣/诚知/不如徐公美

   B. 臣之妻/私臣,臣之妾/畏臣

   C. 今齐地方/千里,百二十/城

   D. 上书/谏寡人者,受/中赏

2. 下边画线字词的解释有误的一项是( )。(2分)

   A. 今齐<u>地方</u>千里(地域,表处所)

   B. 朝<u>服</u>衣冠,窥镜(穿戴)

   C. 能<u>面</u>刺寡人之过者(当面)

   D. 吾妻之美我者,<u>私</u>我也(偏爱)

3. 邹忌劝谏齐王的策略,高明在哪里?(2分)

4. 由于感情的不同及身份地位的差异,其妻、妾、客回答问题时的语气有差别。有何不同?请从原文中找出并说明其感情色彩。(2分)

三、语文实践活动(共20分,交流沟通8分,综合实践12分)

(一)交流沟通(8分)

目前社会上流行两种基本的阅读方式——网络快餐式阅读和纸质经典阅读,你们班对"网络快餐式阅读重要/纸质经典阅读重要"展开了辩论。请你据此论题写不少于三个回合的辩论词。

(二) 综合实践(12分)

为了激发学生学好、用好母语的积极性和自觉性，培养对中华民族精神家园——汉语的情感，你所在的班级拟开展一次"探究汉语之美"的语文综合实践活动。请你积极参加，并完成以下任务。

1. 请为本次活动拟写一则宣传标语。(4分)

2. 你觉得可以通过开展哪些具体活动来感受母语之美？请写出至少两项活动类型。(4分)

3. 活动中，有人提出，时下一些网络语在部分人群中渐有成为流行语的趋势，这些网络语是否能体现汉语之美，请说说你的看法和理由，字数在100个左右。(4分)

四、作文训练(40分，应用文5分，大作文35分)

(一) 应用文写作(5分)

你所在班级决定组织一次"我喜爱的一本书"征文比赛，请你替班长拟写一份征文启事，要求写明征文的目的、意义、内容形式及注意事项等，要求语言简洁明了。

(二) 大作文(35分)

人生丰富多彩，生活千姿百态。轰轰烈烈是生活，平平淡淡是生活；酸甜苦辣是生活，喜怒哀乐是生活。每个人都在书写自己的人生篇章。

请以"生活是一本书"为题目，写一篇作文。可以叙述经历，抒发感情，发表议论。文体不限(诗歌、剧本除外)，600字左右。

参考答案

第1课 忆大山

名人视野

提示：可积累有关"人之相知相识"的名言。

知识浸润

一、基础训练

1. C   2. B   3. C   4. A

二、阅读表达

(一)课内阅读

1. 虽然远隔千里，"我"在内心却深深地牵挂着对方，对他的身体健康状况给予极大的关注。

2. 因为恶魔般的细胞，此时已在贾大山的肝脏、胰脏和腹腔大面积扩散。

3. 描写

(二)课外阅读

1. C。比喻日月流转，境况变化。

2. 略。

3. C。巧妙化用了屈原的诗句。

三、趣味实践

1. 如果你能从头到尾听纸说完，你就可以在30秒内将1~2题答完；

2. 如果你能真正听完整纸的诉说，就可以写下正确的日期，如：1999年11月07日（而不是1999年11月7日）。

评价反思

略

第2课　与责任对话

名人视野

提示：可积累有关修身思辨的名言。

知识浸润

一、基础训练

1. B　　2. B　　3. C　　4. D

二、阅读表达

(一)课内阅读

1. 进行模拟器的训练，"我"买了一个摄像机，把所有的场景都摄下来。在电脑里编排了一个小片子，每天对着它训练。

2. 责任是使命的召唤，是一种自觉意识，是一种努力使事情的结果变得更积极的行动意识。

3. 略。

(二)课外阅读

1. 略。

2. ①"我"觉得自己非常平凡，只是学了点音乐而已。

②儿时的积累成就了今天的"我"。

③不平凡的人要有一技之长，一技之长比学历更重要。

演讲中强调的重要观点：不平凡的人要有一技之长，一技之长比学历更重要。

3. 因为学了"音乐"，"我"才变得不平凡了。不平凡的人要有一技之长。

三、趣味实践

略

评价反思

略

第3课　午夜电话

名人视野

提示：可积累倾听与交际沟通方面的名言。

知识浸润

一、基础训练

1. 啜　咕哝　筒　拨　踮　咔嗒　盈　释
2. 覆　灌注　哽　咕哝
3. A
4. C

二、阅读表达

（一）课内阅读

1. 她还没有完全摆脱对母亲的依赖，社会经验还十分欠缺，不具备独立处理问题的能力；渴望母亲能给予她成人式的信任和尊重，希望从母亲那里得到精神上的理解、支持。

2. 从"我"的言行来分析。"我"一直在耐心地聆听一个陌生女孩的倾诉，虽然是在半夜时分，"我"很困。由此看出，"我"是一个关心他人，善于倾听陌生人心事的母亲。

3. 略。

（二）课外阅读

1. 用了比喻的修辞手法。生动形象地表现出父亲目光深沉的样子。

2. 通过卖旧衣服，培养儿子的自信心，使他能走出自卑并明白每个人都是高贵的，从而对生活充满希望。第一次用亲情打动儿子去"试一试"，勇敢地走出第一步（走出自我）；第二次鼓励儿子思考探索，想办法提高衣服的价值，进一步增强儿子的自信心（挑战自我）；第三次进一步激发儿子的潜能，提高儿子对自我能力和自我价值的认识（超越自我）。

3. 生命不因种族、肤色、贫富而有贵贱之分，每个人（每个生命）都是高贵的，不要妄自菲薄。只要不丧失希望，努力学习，刻苦锻炼，积极探索，不断奋斗，超越自我，就能最终获得成功，实现自我价值。

三、趣味实践

1. 不确定。商人可能是店主，可能不是。
2. 不确定。"一男子"不一定是抢劫者，可能是乞丐。
3. 不确定。店主的性别不确定。
4. 不确定。不知是谁倒出来的。
5. 不确定。也可能是四个人：一个商人，一个索要钱款的男子，店主，警察。

评价反思

略

第4课　邹忌讽齐王纳谏

名人视野

提示：可积累人生哲理方面的名言。

知识浸润

一、基础训练

1. 光艳美丽　长，这里指身高　早晨穿戴　认为　实在　指责
2. (1) A　(2) C　(3) B　(4) B　(5) E　(6) G
3. C
4. D

二、阅读表达

(一)课内阅读

1. 说明在此之前，齐国的朝政等方面确实存在着很多的问题。
2. "此"指代"燕、赵、韩、魏闻之，皆朝于齐"这种情况。"战胜于朝廷"是指内政修明，不必用兵就能使别的国家畏服。
3. (1)(他们)都认为我比徐公美。
(2)在公共场所批评议论我的过错，(并能)传到我的耳朵里的人，受下等奖赏。

(二)课外阅读

(一)1. B。到，往　2. A。①第二个"之"，去，往　3. D
(二)1. 指示代词，这；于是
2. 再说，那个人献不死的药，我吃了它，大王要杀我，这是让人死的药啊。
3. 略。

三、趣味实践

这条重要信息是："我们需要知道的是两个女孩的需求"。如果一开始就知道两个女孩的需求，解决方案就会很明显。如：一个女孩需要橘子的皮做蛋糕的装饰，另一个女孩想用橘子肉榨橘子汁。

积极倾听语录：在做出反馈之前，一定要倾听对方的需求，根据对方的需求来做出反应。

评价反思

略。

第5课　向中国人脱帽致敬

名人视野

选择以"爱国"为主题的名句进行积累。

知识浸润

一、基础训练

1. nàn　shū　chuō　niàng　jì

2. 世界上有几个中国？中国富强的标准是什么？"一个普通的中国人是如何看待他们自己的国家的"。

3. 班主任让我转告你，团委通知咱们班发展三名新团员，让你负责组织选举，明天早读时把结果告诉他。

二、阅读表达

(一) 课内阅读

1. 运用了灵活性的技巧。在教授提出"哪个中国"的问题后，"我"避开锋芒，采用了引蛇出洞的策略，使教授明确说出了"哪一个中国"的意思，再用"只有一个中国，这是常识"作答，旗帜鲜明地表明立场。

2. "正视"：目光直视对方，说明态度严肃。"冷冷地""慢慢"：说话时态度坚决，语调平缓，表明自己的立场。

3. (1) "默默"：突出了课堂气氛的"冻结的沉寂"，反衬出问题的严肃性。

(2) "我"与台湾学生达成了一致的见解，松动的椅子声说明大家终于松了一口气，紧张的气氛得以缓和。

(二) 课外阅读

1. 山东籍战士王三社因为长得丑，被小豆子等人戏称为"老卡"，他感觉受到了侮辱，自己要求到生产组喂猪。三年后，他申请上前线，临行前对副连长说了自己对美丑的理解，并将自己的小说手稿托付给副连长。后来，从小豆子的来信中得知，"丑兵"在自己生命垂危的时候救了小豆子，他却牺牲了。

2. 起初别人用"老卡"嘲笑自己相貌丑陋，丑兵觉得受到侮辱，后来认识到内在的美远胜过漂亮的外表，自称"老卡"，这是丑兵自信、成熟的表现。通过前后对比突出真正的美不在于外表而在于心灵。

三、趣味实践

活动要求：不能单纯地翻译古文，要有自己合理的想象，给人物加上表情、动作、心理、语言等,把故事讲述得生动形象。

评价反思

略。

第6课　洛阳诗韵

名人视野

选择与文化底蕴有关的或与洛阳有关的名句进行积累。

知识浸润

一、基础训练

1. C

2. 重　薄　浊黄　澄碧　苍凉　春意乱生

二、阅读表达

(一)课内阅读

1. 中原忆,最忆是洛阳。情思悠悠中写下这句话,连笔尖都带了几分醉意。

偏爱、笃诚的崇拜

2. 运用了比喻的修辞。交代了洛阳的地理位置,突出了洛阳在黄河沿岸城市中的地位：洛阳堪称黄河文明的代表,其文化遗产也是中华民族灿烂的精神财富。

3. "特殊的况味"指洛阳是九朝古都,是东汉、魏晋、隋唐时代的全国乃至亚洲的经济文化中心,历代才俊辈出,是历代文人墨客赞誉的对象。洛阳有着历史厚重的馈赠和沉积,从洛阳发掘的文化遗产,足可代表中华民族灿烂的精神财富。

(二)课外阅读

1. 略。

2. ①洛阳牡丹的美是公认的,品种绝佳,而且有传奇的身世。②盛花期洛阳犹如一座五彩缤纷的牡丹城。

3. ①"它虽美却不吝惜生命,即使告别也要留给人最后一次惊心动魄的体味。"②人不仅活着应成就轰轰烈烈的事业,死也要死得有价值、有意义。

三、趣味实践

活动要求：先给图片排顺序,再发挥想象,可以给人物设计名字,讲述故事情节,注意趣味性。

示例:选择⑤①④幅图。

白云自从春节在《实话实说》中被黑土揭了短,也变得务实了。这不,她在家里正给黑土织毛衣呢。黑土放下手中的书,深情地看着白云说:"还记得当年你给我织的第一件毛衣吗?虽然最后被生产队收走了,我没有穿在身上,却温暖了我的内心。"白云也深情地望着黑土:"还记得当年你为我第一次打架吗?你妈给你买的糖葫芦你没舍得吃,就给我了。我刚吃了两口,就被隔壁小三子抢走了。你知道后找到小三子单挑,挺老实的一个人那天就愣把比你高半头的小三子打服了。"黑土不好意思地说:"哪呀,那是我俩说好了,他故意在你面前输给我,回头我再给他买两串糖葫芦。"

评价反思

略。

第7课　人格是最高的学位

名人视野

选择与做人或进取有关的名句进行积累。

知识浸润

一、基础训练

1. huì lù jí sà háo jí zhuó mèi
2. B
3. D

二、阅读表达

(一)课内阅读

1. 示例:季先生,我们钦佩您的学识,更希望您的身体康健。(没有固定答案,只要符合情理即可。)
2. 这句话赞颂了季羡林先生高尚的人格,以及他对年轻学子产生的深刻影响。
3. 略。可查阅《季羡林"三辞桂冠"的故事》,或相关的视频资料,说出自己的感受。

(二)课外阅读

1. 这篇文章采用的是"总—分—总"的结构形式,先阐述社会底线下降的现实及危害,提出人总得有自己做人做事的底线的观点;再从成全社会、成全自己的角度,由大到小地论述观点;最后,从正反两方面强调人守住底线的重要性。

2. 可采用"观点+举例+总结"的思路进行。

示例：我认为学生在学习上也应该有自己的底线。遵守课堂秩序，不做干扰他人的事；作业按时完成，不拖沓不抄袭；考试遵守纪律不作弊等。每个人都应该有底线意识，要坚守底线，不能随波逐流。

三、趣味实践

活动要求：可以说一个同学的多个优秀品质，也可以说三位同学各自的优秀品质。

评价反思

略。

第8课　寡人之于国也

名人视野

选择与孟子的思想言行有关的名句进行积累。

知识浸润

一、基础训练

1. B　　2. C　　3. B

二、阅读表达

(一)课内阅读

1. C

2. D

3. 孟子具体阐述"仁政"的根本措施。孟子先阐述了"王道之始"，用三个排比句，提出发展生产的三种措施及产生的效果；再阐述王道之成的道理，依然用排比，说明不但要养民，还要教民，为梁惠王展现了一幅美好的前景；最后阐述使民加多应有的态度，运用对比，说明施仁政、行王道，才能"斯天下之民至焉"。

(二)课外阅读

1. 孟子主张推行仁政。

2. 孟子是通过百姓对齐宣王的"寡人之囿"和"文王之囿"不同态度的对比来说明自己观点的。"寡人之囿"方圆四十里，却不能与民共享，杀死了里面的麋鹿的罪行如同杀人一样大，因此"民以为大"；而"文王之囿"方圆七十里，百姓可以随意打柴狩猎，因此"民以为小"。究其根本，是因为"文王之囿"能"与民共之"。

三、趣味实践

活动要求：要抓住自己的较为鲜明的特点，用艺术性的语言(如套用诗词、歌词、广告语，或自创藏头诗、打油诗等)来介绍，时间控制在15秒左右，力求给听众留下深刻的印象。

评价反思

略。

第9课　谈　生　命

名人视野

自古至今，中外名人关于生命有许多名言警句，请你写出一两句。

知识浸润

一、基础训练

1. B。A中娇奢的"娇"为"骄"，C中"悱红"的"悱"为"绯"，D中"摧逼"的"摧"应为"催"。

2. C。这段文字描写的是水遇到巉岩前阻的情形，要仔细揣摩，根据水流历经奔腾的过程选择。

二、阅读表达

(一)课内阅读

1. 答案：早春破壳出土——春天满树繁花，蜂蝶飞舞——夏天绿叶成荫，结出累累果实——秋天庄严灿烂，宁静怡悦——冬天归落大地。

2. C

3. 本质：蓬勃成长、顽强进取、坦诚奉献，任何力量也无法阻碍它，压制它。生命规律：始而渺小、微弱，继而强健、壮大，终归于消亡，其间幸福与苦难、顺利与逆境相伴相随。

(二)课外阅读

1. 如果你选择随波逐流，人云亦云，生命就会如一张白纸；如果你选择另辟蹊径，生命就会是与孤独和寂寞相伴；无论是选择前者还是后者都将是一种痛苦。所以说选择是痛苦的。

2. "圣人"是从消极角度感叹人生时光流逝太快，难以把握；而"哲人"则是从积极角度呼吁要抓住机会，珍惜时间，这样一定会有所成就。二者的联系是他们都认识到时光飞逝，生命短暂。

3. 不是每一个人的一生都会有成就，作为常人，最重要的是在短暂的人生时光里把握好自己，人的一生也许没有什么大成就，但是只要努力过了，奋斗过了此生便可无悔，生命也便有意义。

三、趣味实践

答案：生命像蜡烛，流着痛苦的泪，燃着快乐的光。生命像灿烂的星空，愈是黑暗，愈能显出繁星的璀璨。

评价反思

略。

第10课　合　欢　树

名人视野

母亲在每个人的成长过程中都起着举足轻重的作用，请你写出一句名人对母亲的赞美之词。

知识浸润

一、基础训练

1. B　　2. C　　3. B

二、阅读表达

(一)课内阅读

1. C

2. ①突出母亲年轻时争强好胜、不免孩子气的性格，使母亲的形象一开始就显得很率真可爱，这与后文中母亲因操劳而早逝的可敬形象构成对比。

②展现母子俩曾经有过一段轻松快乐、无忧无虑的生活。这种快乐的生活气氛和轻松笔调，与后来的生活困境及后文压抑的气氛形成对照。

③这样一篇回忆母亲的文章如此开头，非常别致，增强了文章的生活情趣和艺术吸引力。

3. ①二十岁以后，作者双腿残废，母亲为了给他治病和帮助他学习写作而努力不懈，直至因过度操劳而早逝，这使他体会到母亲的执着与无私。

②三十岁以后，作者在创作上接连获得成功，他感念没有母亲就没有自己的现在，痛

定思痛,更体会到母爱的深厚与恒久。

(二)课外阅读

1. 鳝鱼在要下油锅时极力弓起身子,黑狗为自己心爱的花狗捡骨头以及冰岛再次否决捕鲸议案再次说明了生命的可贵和生命的神圣。

2. 恰当。黑狗的眼睛含着泪水,表达了黑狗对花狗和自己孩子的爱,这里用"阅读"二字,是为了拉近读者与作者的距离,增加文章的感染力;而对于鳝鱼竭力弓起身子,一方面说明了鳝鱼对自己的子女无限关怀,另一方面也说明了鳝鱼那救子心切的心理状态,在这里用"阅读"二字,增加了文章的亲和力。

3. 文章的结尾用了比喻和反问的修辞手法。比喻对事物特征进行描绘或渲染,用浅显易见的事物对深奥的道理加以说明,能将表达的内容说得生动具体形象,给人以鲜明深刻的印象,比喻还用浅显常见的事物对深奥生疏事物解说、帮助人深入理解;反问用疑问形式表达确定的意思,用肯定形式反问表否定,用否定形式反问表肯定。语气更加强烈,更使人印象深刻。

三、趣味实践

略。

评价反思

略。

第11课 南州六月荔枝丹

名人视野

《南州六月荔枝丹》中引用了许多关于荔枝的诗句,古今诗人多咏荷花,请写出你所知道的古代诗人写荷花的诗句。

知识浸润

一、基础训练

1. A   2. C   3. B

二、阅读表达

(一)课内阅读

1. 荔枝的贮藏。

2. 说明荔枝不耐贮藏。

3. 引用、列数字、举例子。

(二)课外阅读

1. C   2. D   3. C

(三)趣味实践

略。

评价反思

略。

第12课　唐诗宋词四首

名人视野

请写出一两句古今中外名人对人生态度看法的句子。

知识浸润

一、基础训练

1. C   2. A   3. C

二、阅读表达

(一)课内阅读

1. B

2. 一、口气甚大，"呼儿""与尔"，指挥倜傥。二、出手甚大，不惜将出名贵宝物五花马千金裘换取美酒，以图一醉。三、倒宾为主，本是被友人招饮的落魄之客，此刻忘形，竟高踞一席，颐指气使，甚至提议典裘当马，其形骸之放达，情态之任诞，呼之欲出。

3. 钟鼓馔玉不足贵，但愿长醉不复醒。

(二)课外阅读

1. "万里悲秋常作客，百年多病独登台"和"亲朋无一字，老病有孤舟"。

2. 甲是写景，景写得壮阔；乙是叙事，事中寄寓着感慨。点拨：主要着眼于景、事、情的关系。

3. 甲是直抒胸臆；乙是寓情于事。

三、趣味实践

略。

评价反思

略。

第13课　坎特公爵的秘密教材

名人视野

设计意图：结合课文内容，帮助学生树立正确的人生观、价值观，全面提升个人修养。

积累建议：人的好品格，才是学生最高的学位。学生可以从人的优秀品格出发积累相关的名人名言。

知识浸润

一、基础训练

1. C　　2. B　　3. B　　4. B

二、阅读表达

（一）课内阅读

1. 父亲用鼓励和爱的方式来教育自己的孩子。

2. 因为坎特知道自己做错事情以后，尽管遭受了爷爷和叔叔的暴打，但是他还是努力弥补自己的错误，将白天落在地上的一捆麦子仔细地拾起来，压在了剩下的那个麦垛上。

3. 略

（二）课外阅读

1. 我当时是一个天真无邪的小女孩。我看不见田里的麦穗，却总是看见蚂蚱和蝴蝶，正说明我的好玩与天真。

2. 之所以要嫁给那个卖灶糖的老汉，是因为他那里有灶糖吃，还因为他很慈祥。这里完全没有世俗的意思，也说明作者在此是想呼唤人与人之间的真诚的友爱，而不是其他。

3. 略

三、趣味实践

活动分析：本活动主要训练学生描写人物的能力。如何抓住人物的性格特点，用多种人物描写方法来刻画人物形象是本次活动的目标。

评价反思

略。

第14课　生活正被纳米改变

名人视野

设计意图：既有丰富的想象力，又有科学严谨的工作作风，不仅是科学工作者应有的品格，同时也是学生治学所应坚持的态度。

积累建议：可积累关于工作态度和想象力方面的格言，能够帮助同学们形成严以治学的科学态度与方法。

知识浸润

一、基础训练

1. A　　2. C　　3. B　　4. B

二、阅读表达

(一)课内阅读

1. 由于纳米科技的出现，使人们能够"随心所欲"地改变现有物质的特性。

2. 打比方。

3. 不一样。第一自然段运用了下定义、作比较的说明方法，说明什么是纳米技术；第二自然段运用了打比方、举例子的说明方法，说明纳米技术的特征。

(二)课外阅读

1. 说明对象：苏州园林；特征：务必使游览者无论站在哪个点上，眼前总是一幅完美的图画。

2. 运用了作比较的说明方法，说明苏州园林的建筑与其他建筑的区别：不讲究对称。

3. 略

三、趣味实践

活动分析：本活动主要培养学生的科技创新意识和动手实践能力，在记述风筝的制作过程中，掌握此类说明文的说明顺序，并体会说明文在现实生活中的实用价值和重要作用。

评价反思

略。

第15课 劝学(节选)

名人视野

设计意图:从写作的角度帮助学生充分认识作者有感而发进行写作的目的和意义。

积累建议:结合本课内容,学生可以积累一些有关学习和写作的名言警句。

知识浸润

一、基础训练

1. A

2. (1)排比　　(2)对偶　　(3)对比

3. C

4. B

二、阅读表达

(一)课内阅读

1. "学不可以已"。

2. cān xǐng　zhì míng　君子广博地学习,而且每天对自己反省,那么他就会智慧明达,而行为就不会有过错了。

3. 主要运用了比喻论证的方法。通过比喻论证的方法,说明经过后天的学习是能提高、改变自己的。

(二)课外阅读

1. 如解开缠乱在一起的绳子,有所不通的地方就暂且放在那儿慢点去处理。

2. 读书应熟读精思

   读书要先易后难;读书要平心静气,从容处之,不能急躁。

3. 略

三、趣味实践

活动分析:本活动主要锻炼学生写作辩论稿的能力。为在活动开展过程中,学生如何确立自己的论点、陈述自己的论据以及如何完成自己的论证提供文本支持,这样既提高了学生的论辩能力,也提高了学生的写作能力。

评价反思

略。

第16课　写东西全都有所为

名人视野

设计意图：引导学生认识准确性在文章写作中的重要作用，以及如何通过反复修改使文章更准确。

积累建议：学生可以课文学习为依托，积累关于写作方面的名言警句，培养认真、严谨、反复推敲的写作习惯。

一、基础训练

1. A　　2. B　　3. D　　4. B　　5. C

二、阅读表达

(一) 课内练习

1. 具有准确性的话也就是真话、实话，才值得拿来通知别人，才可以拿来影响别人。假话、空话对别人毫无好处，并且还会产生坏的影响。

2. 做到鲜明性和生动性，就是要求写文章不晦涩，不含糊，不呆板，不滞钝。

3. 略

(二) 课外练习

(1)"欲接纳"修改为"欲招聘"

(2)"敢请"修改为"欢迎"

(3)第一条中的"大龄者勿扰"修改为：删去

(4)第三条中的"经过"修改为：删去

(5)"足下"修改为："您的"或是"个人"

2. 略

三、趣味实践

活动分析：本活动主要训练学生的综合写作能力。随着信息化教学手段的深入，利用信息化教学平台来展示学生的作品，能引导学生积极参与到信息化教学中，并有效提高学生的学习兴趣和成就感。

评价反思

略

第17课　感谢生活

名人视野

关于演讲方面的内容积极向上的名言均可，例如：

1. 演讲，不仅仅是一种职业，而且是一种事业，一种伟大的事业。演讲，不仅仅是一种科学，而且是一种艺术，一种卓越的艺术。——李燕杰
2. 演讲者的体态、风貌、举止、表情都应给听众以协调平衡乃至美的感觉。——曲啸
3. 使用得当的话，道具能是演讲者的话更清晰，更有趣，也更容易记住。——卢卡斯
4. 口才是社交的需要，是事业的需要，一个不会说话的人，无疑是一个失败者。——林肯

知识浸润

一、基础训练

1. A　【解析】B 洄字应该是徊，C 棉字应该是绵，D 恨字应该是痕。
2. D　【解析】《春天里》是汪峰的作品。
3. C　【解析】摇头晃脑手舞足蹈只能影响演讲效果。
4. D

二、阅读表达

(一)课内阅读

1. 表面意义是说昨天、今天、明天，实际上是指过去、现在与未来。
2. 教师根据本班学生学情，确定标准及字数要求。
3. 略

(二)课外阅读

1. 你的环境并不能决定你的未来，你的过程也不能决定你的未来，而是你的心的向往决定了你的未来。
2. 母亲。
辛酸的少写一点，趣味的多写一点，人家要来读你的文章，是希望在你的文章里面得到启发，得到安慰，得到智慧，而不是读了你的文章以后，立刻跑到窗口跳下去，那这个文章就没有意义。
3. 碰到辛酸的事情，棉被盖起来哭一哭就好了。
生活中应对不愉快的事例言之有理即可，不做具体要求，教师自行评价，要以引导鼓励为主。

三、趣味实践

教师鼓励学生大胆畅谈自己的观点，言之有理即可。

评价反思

本课主要针对学生演讲能力评价，注意语言准确到位。

第18课　警察与赞美诗

名人视野

与读书有益相关的思想内容健康的名人名言即可，例如：

1. 读过一本好书，就像交了一个益友。　　　　　　　　　　　——臧克家

2. 书犹药也，善读之可以医愚。　　　　　　　　　　　　　　——刘向

3. 书籍是在时代的波涛中航行的思想之船，它小心翼翼地把珍贵的货物运送给一代又一代。　　　　　　　　　　　　　　　　　　　　　　　——弗朗西斯·培根

4. 理想的书籍，是智慧的钥匙。　　　　　　　　　　　——列夫·托尔斯泰

5. 读一本好书，就是和许多高尚的人谈话。　　　　　　　　　　——歌德

6. 光读正面的历史是不够的，还要看小说。所谓历史，常常人名、地名、时间都是真的，内容不太靠得住；而小说是人名、地点、时间都是假的。但那个故事往往是真的。

——南怀瑾

知识浸润

一、基础训练

1. B　【解析】A 氛 fèn 字应读 fēn，C 刹 shā 应读 chà，D 膝 qī 字应读 xī。

2. D　【解析】《项链》是法国短篇小说家莫泊桑的作品。

3. A

二、阅读表达

(一) 课内阅读

1. 这部分文字描绘了教堂、灯光、乐音、月光、街道、赞美诗等。

作用：极其细腻地衬托了苏比此时的心境，展示了人物的心理变化，突出苏比灵魂净化的过程。它不仅对人物的刻画起到了深化的作用，同时也在结构上呼应了文题和情节。

2. 苏比几次碰壁之后，听到了风琴师为了练弹星期天的赞美诗发出的管风琴庄严而甜美的音调，他彻底醒悟了，准备重新做人。他从堕落到重新做人内心犹如一场革命。

3. 这样的结尾震撼人心，反映了社会冷酷的现实，具有真实感。这样安排结尾，可以使情节曲折，既在情理之中，又在意料之外。

4. 想到了美国资本主义社会许多青年满怀成功的希望，跨入社会的大门，结果碰得头破血流，希望破灭，以至和苏比一样堕落地生活。

(二) 课外阅读

1. 一是苏艾的照顾与鼓励，二是琼姗自己的信念，三是最关键的是贝尔曼冒着生命危险描绘的藤叶给了她活着的希望。

2. 这片小小的常春藤叶，让琼珊产生生存的希望，坚定的信念，开始珍爱自己的生命，进而创造了生命的奇迹。这片小小的常春藤叶，倾注了贝尔曼全部心血，乃至整个生命。他的生命通过那片永恒的叶子在琼珊的身上得到延续，表现了穷苦朋友相濡以沫的宝贵友情和普通人美好的心灵，体现了贝尔曼高尚的人格和善良的品德。这片小小的常春藤叶，充满着人间的真情真爱，闪烁着人性的光辉。

3. 鼓励学生发挥想象力，写出精彩片段。

三、趣味实践

鼓励学生编写，注意小说的三要素的体现。评价时可以针对不同专业不同学生提出不同标准。

评价反思

本课主要针对学生阅读与写作能力进行评价。

第 19 课　哈佛商学院流行的四则故事

名人视野

内容健康向上的名言即可，例如：

1. 我们应该尽量使孩子们开始听到的一些故事必定是道德影响的最好的一课。

——［古希腊］柏拉图

2. 青年是多么美丽！发光发热，充满了彩色与梦幻，青春是书的第一章，是永远无终结的故事。

——［美］朗费多

知识浸润

一、基础训练

1. A　【解析】B 揣着应该是喘着，C 越越应该是跃跃，D 踌办应该是筹办。

2. D　【解析】正确的应该是"简单"。

二、阅读表达

(一) 课内阅读

1. 孩子所说的尽全力，指的是尽自己的全力，而父亲所说的是指孩子没有请求父亲的帮助，没有借用外力。学生表述意思正确即可。

2. 评价标准略，教师多引导鼓励，针对不同水平的同学应该分层次评价。

(二)课外阅读

1. 学生回答言之有理即可。

提问中国有没有娼妓的问题是暗含陷阱的，如果说没有那么台湾有，那台湾就不是中国的领土；如果只说有没有说出具体地点，就说明解放初期我们新中国对妓女问题解决不彻底，所以记者是没有安好心的。

提问中国用美国钢笔是在讽刺中国的落后。

提问中国人走马路也是在讽刺中国人走马的路。

提问中国人低头走路也是在讽刺中国人不敢抬头，表现美国人的自信。

2. 学生回答言之有理即可。

周总理的回答：对娼妓问题的回答，既实事求是又堵住记者想拿台湾做文章的贼心。

对钢笔的回答狠狠打了美国记者一个耳光，我们的钢笔是纪念品，纪念我们打败了美国。我们是胜利者，美国是失败者。

对马路的回答机智幽默，既避开了马的问题，又体现了我们中国人的信仰走马克思主义道路。

对低头抬头的回答说明我们国家在走上坡路，也就是一直在进步，也让美国记者无言以对。

3. 答案略。鼓励学生多方面收集周总理的故事，既可以提高讲故事能力，又可以增强学生对我国老一辈革命家崇敬与热爱之情。

三、趣味实践

针对不同专业不同水平学生提出不同要求，比如学前教育的学生讲故事能力标准要高一些。注意针对学生讲故事能力恰当评价，多鼓励引导。

评价反思

本课主要针对学生编故事、讲故事能力进行评价。

第20课　春江花月夜

名人视野

对春江花月夜的评价或者是关于诗歌作用等方面的名言均可，例如：

1. 春江花月夜，字字写得有情，有想，有故。　　　　　　　　　　——谭元春
2. 句句翻新，千条一缕，以动古今人心脾，灵愚共感。　　　　　　——王夫之
3. 阅读使人充实；会谈使人敏捷；写作与笔记使人精确；史鉴使人明智；诗歌使人巧慧；数学使人精细；博物使人深沉；伦理使人庄重；逻辑与修辞使人善辩。　　——培根

· 103 ·

知识浸润

一、基础训练

1. A 【解析】B 霰 sàn 应读 xiàn，C 斜 xié 应读 xiá，D 畔 bàn 应读 pàn。

2. B 【解析】穷已指穷尽。

3. C 【解析】苏轼《水调歌头》宋朝。

二、阅读表达

（一）课内阅读

1. 叩问人类本源、明月长存、宇宙永恒的宇宙意识。

2. 从"水"的意象联想到人的个体生命是有限的，人类的生命代代相传是无限的，与明月共存于天地之间。

3. 这结句的"摇情"——不绝如缕的思念之情，将月光之情、游子之情、诗人之情交织成一片，洒落在江树上，也洒落在读者心上，情韵袅袅，摇曳生姿，令人心动神迷。

学生自由发言，教师适时点拨，不做标准答案，提倡个性化解读，目的是培养学生的探究表达能力。

（二）课外阅读

1. （1）残阳：快落山的太阳的光。也指晚霞。
   （2）瑟瑟：原意为碧色宝石，此处指碧绿色。
   （3）可怜：可爱。
   （4）真珠：即珍珠。

2. 答案略，鼓励学生为主。

3. 答案略，学生言之有理即可。

三、趣味实践

略。

评价反思

略。

综合练习题（一）

一、基础训练

1. C   2. B   3. A   4. C   5. C   6. D
7. A   8. C   9. C   10. B   11. B   12. A

二、阅读理解

（一）现代文阅读

1. B 2. D 3. C 4. D

（二）古文阅读

1.《劝学》 荀况

2.（1）半步（2）骏马，千里马（3）用刀雕刻（4）泛指雕刻

3. 积累的重要性；积累的重要性；不同资质的对象；持之以恒、坚持不懈的重要性；用心专一的重要性。

4. 学生言之有理即可。

三、语文实践活动参考答案

（一）沟通交流

1. 鼓励性话语即可：

如：哇，好棒啊，你打了一只兔子回来哦。

你看，让我猜中了吧，我老头子就是行！

打到了一只兔子啊，太好了！可以美餐一顿了。

2. 没有用积极肯定的方式沟通。学生言之有理即可。

3. 要学会欣赏他人，怀着愉悦的心态，去发现、感受和吸纳他人所表现出来的优美和可爱之处。真诚的赞美是一种使人不断完善的美好途径。意思正确即可。

（二）综合实践

略，言之有理即可。

四、作文

答案略，建议根据学生学情及专业制定不同的作文评价标准，以保护学生写作的积极性。

综合练习题（二）

一、基础训练

1. A 2. B 3. B 4. C 5. D 6. C

7. D 8. C 9. B 10. A 11. C 12. B

二、阅读理解

（一）现代文阅读

1. 文学的灯哪怕是微弱的，但只要给人有一点感悟，它就光亮无比。有时候人会处于一种混沌的状态中，有时就是某一部作品中的某个人物或某一个情节甚至是一句话都可以使人茅塞顿开，思想就被打通了。

2. 参考答案：列夫·托尔斯泰的《战争与和平》《复活》；普希金的《致大海》《上尉的女儿》；莎士比亚的《威尼斯商人》《哈姆雷特》《李尔王》《麦克白》等。

3. 略，学生言之有理即可。

4. 在结构上，"文学是灯"是全文的线索，将"我"作为一个文学的阅读者和创作者两个不同的人生阶段文学经历贯穿起来。

(二) 古文阅读

1. C　　　2. A

3. 高明在用暗示、比喻的方法委婉地规劝齐王，使他乐于接受(或高明在现身说法，使齐王容易接受)，学生言之有理即可。

4. ①其妻曰："君美甚，徐公何能及君也！"感情色彩是由衷的赞美，口气亦毋庸置疑。
②妾曰："徐公何能及君也？"感情色彩是讨好，口气有点勉强。
③客曰："徐公不若君之美。"感情色彩是礼貌、尊重，口气有点客气。

三、语文实践活动

(一) 沟通交流

网络快餐阅读重要还是纸质经典阅读重要

正方观点：网络快餐阅读重要　　反方观点：纸质经典阅读重要

主持人：（介绍背景、目的等基本情况，引出论辩双方及其观点）

正方：

反方：

……

主持人：（总结）

(二) 综合实践

1. 探究汉语之美，弘扬中华文化

2. 邀请专家，举办一次"母语之美"讲座；举行一次以"母语之美"为题的讨论会；举办一次"母语之美"演讲比赛。

3. 略，学生言之有理即可。

四、写作训练

(一) 应用文

要求学生注意启事的格式。

(二) 大作文

文章要求立意新颖、内容丰富、层次清晰、语言流畅，不得抄袭。具体标准，教师自行把握。